Gha-Gha-Ghutunn Snifi PaB-Khmer
olem Heiwa Ukuthula
Paix Amani
Âni Fred Paqe Siochain
ers Pokój Fiadanana
en Linis Béke Sülh Lm
Vrede Mir Lapé
uha Taika Órçã
tha Damai Advaitavana
Tagalog Bezbriznost
Fri ur Pakajas
Soksang Aram Alaafia

Paghidait-Hongosh
Erin Taiwan
Wanthi Damai Iow Keamana
Vaka'u Pau
Bake Fried Myr Pace
Jamm Salamm M
Mier Peace Fried
Peuc'h Chinchied
Baris Irini Paz
Shanti Lm Pin'an Pokoj R
Mdhitsu Hoa Binh Shama
Ketretraman Rongomau
Nabad Mati Kapayapaan
Sidi Ralm Amaiyh
Kev sib haum xee
AeSHT'aY-No

Paulo Braga

Pão da Paz

195 RECEITAS DE PÃO
DE PAÍSES MEMBROS DA ONU

Editora Boccato\Gourmet Brazil
Editor: André Boccato
Coordenação Editorial: Rita Pereira de Souza
Coordenação Administrativa: Maria Aparecida C. Ramos
Assistentes administrativos: Cenair Streck
Assistente Editorial: Cintia Alfieri Gama e Maíra Ferrari
Especialista em Cozinha: Aline Leitão
Assistente de Cozinha: Ivanir Cardoso

Editora Boccato\Gourmet Brazil
Rua Comendador Elias Zarzur, 1476 – Alto da Boa Vista
CEP 04736-002 – São Paulo – SP - Brasil
Telefone: (+5511) 5686-5565
e-mail: editora@boccato.com.br / andre@boccato.com.br

Editora Gaia
(pertence ao grupo Global Editora e Distribuidora Ltda.)
Diretor Editorial: Jefferson L. Alves
Diretor de Marketing: Richard A. Alves

Editora Gaia Ltda.
Rua Pirapitingüi, 111-A - Liberdade
01508-020 - São Paulo - SP - Brasil
(+5511) 3277-7999
e-mail: gaia@editoragaia.com.br
www.globaleditora.com.br
Nº de Catálogo: 2832

Projeto Gráfico e Direção de Arte: S² – André Lima e Rodrigo Puga
Criação da Abertura dos Capítulos: Berel Alterman e Luis Chiapinotto
Direção de Fotografia: Salvador de Rosa Neto
Fotografias: Paulo Braga – PhotoCook Estúdio e Cozinha Experimental Ltda
 http://www.photocook.com.br / paulo@photocook.com.br
Fotografia do Autor e Passo-a-Passo: Salvador de Rosa Neto
Foto da Capa: Paulo Braga
Criação da Capa: S² – André Lima e Rodrigo Puga
Assistente de Fotografia: Emiliano Boccato
Fotografias da Getty Images: Andy Sacks (p. 14), Pascal Le Segretain (p. 18), Hulton Archive (p. 21), William A Allard (pp. 30-31), Kenneth Garrett (pp. 40-41), Menahem Kahan (pp. 50-51), Pascal Le Segretain (pp. 60-61), Mario Tama (pp. 70-71), Victor Englebert (p. 74), Wallace Kirkland (p. 77), Wallace Kirkland (pp. 89-89), Usmc (pp. 100-101), Kenneth Garrett (pp. 110-111), Darren McCollester (p. 114), Hoang Dinh Nam (p. 117), Ahmad Al-Rubaye (pp. 126-127), Gordon Wiltsie (pp. 136-137), Pedro Ugarte (pp. 148-149), Darren McCollester (pp. 160-161), Hulton Archive (p. 164), Time Life Pictures (p. 166), Justin Sullivan (p. 178-179), Uriel Sinai (pp. 190-191), Tom Stoddart (pp. 204-205), Mario Tama (pp. 214-215), Stefano Scata (p. 218), W. Eugene Smith (pp. 220-221), Robert Nickelsberg (pp. 234-235), Paula Bronstein (pp. 240-241)
Peças e Objetos: Acervo de d. Maria Apparecida A. de Almeida Braga, Salvador de Rosa Neto, PhotoCook Estúdio e Cozinha Experimental Ltda., Cerâmica Nelise Ometto, Stela Ferraz Cerâmica, L'Oeil, M. Dragonetti Utensílios de Cozinha, Sebrae-SP

Consultoria Técnica: Geógrafo Sergio Serafini Júnior
Consultoria Linguística: Aleksandar Jovanovic
Pesquisa das Receitas: Paulo Braga
Pesquisa Histórica e Textos: Jezebel Salem
Clipping Eletrônico: Look Comunicações
Versão das Receitas do Inglês para o Português: Marilena Braga
Revisão de Texto: Fabiana Tsukahara e Lucimeire V. Leite
Produção de objetos: Airton G. Pacheco e Salvador de Rosa
Assistente de produção: Thais Ferreira Cesar
Impressão e Acabamento: Escolas Profissionais Salesianas

Equipe do Grande Hotel Campos do Jordão: Rogério Panitz Garcia e Ademir Pereira de Oliveira (Gerente de Alimentos e Bebidas)
Coordenação Geral da Equipe: Vinícius Victor Barbosa (Diretor do Centro Universitário Senac – Campus Campos do Jordão); Claudia Maria de Moraes Santos (Coordenadora do Curso de Tecnologia em Gastronomia do Campus Campos do Jordão)
Coordenação da Equipe de Execução das Receitas: Alessandro Danielli Nicola (Docente do Centro Universitário e *Chef* de Cozinha); William Paulo dos Santos (Docente do Centro Universitário e *Chef* de Cozinha)
Equipe de Execução das Receitas: Jussara Ramos Vieira (Aluna egressa do Curso Superior de Tecnologia em Gastronomia); Mariza de Alencar Sávio (Aluna egressa do Curso Superior de Tecnologia em Gastronomia); Amaro Marques dos Santos Junior (Aluno do Curso de Cozinheiro); Mauro Marcelo Leite (Aluno do Curso de Cozinheiro); Hamilton Fernando Dias (Monitor de Cozinha do Centro Universitário Senac – Campus Campos do Jordão); Diogo Venâncio Campanha (Monitor de Cozinha do Centro Universitário Senac – Campus Campos do Jordão)

A 1ª edição do livro Pão da Paz só foi possível graças ao patrocínio da USIMINAS / COSIPA - Companhia Siderúrgica Paulista e do apoio do Grande Hotel Campos do Jordão e Centro Universitário SENAC / Curso de Tecnologia em Gastronomia Campus - Campo do Jordão.

Dados Internacionais de Catalogação na Publicação (CIP)
(Câmara Brasileira do Livro, SP, Brasil)

Braga, Paulo Araujo de Almeida, 1954-
 Pão da Paz: 195 receitas de pão de países membros da ONU
 Paulo Braga. – São Paulo : Gaia: Boccato, 2006.

 ISBN 85-7555-113-2

 Vários Fotógrafos.

 1. Nações Unidas - Membros 2. Pães - Fotografias 3. Pães (Culinária) 4. Paz I. Título.

 06-6748 CDD 641.815

Índices para catálogo sistemático:
1. Pães: Receitas: Culinária 641.815
2. Pães: Fotografias: Culinária 641.815

© Copyright Boccato Editores, 2006

As Receitas aqui apresentadas são de propriedade dos editores e do autor, não podem ser reproduzidas (sob qualquer forma impressa ou digital) sem ordem expressa dos detentores das mesmas. Todas as receitas foram testadas, porém sua execução é uma interpretação pessoal. As imagens fotográficas das receitas são ilustrações artísticas, não reproduzindo necessariamente as proporções das mesmas. Assim, os editores não se responsabilizam por eventuais diferenças na execução.

O título da receita em português (entre parênteses) nem sempre corresponde à tradução do nome original, podendo indicar tão-somente o principal ingrediente da sua composição. Esse critério foi adotado para melhor compreensão dos títulos originais das receitas no nosso idioma.

Agradecimentos

Ao escrever este livro, o objetivo fundamental, a mensagem que eu quis passar, foi evidenciar a semelhança existente entre os conceitos Paz e o ato de Compartilhar o Pão...

A Paz ativa, trabalhada constantemente, tal como a massa do Pão. A Paz fermentada, crescendo sempre...Compartilhada.

A partir dessa semelhança de conceitos e atos, nasceu o livro Pão da Paz.

Ao contrário do que possa parecer, este não é um só mais um livro de receitas e sim um livro que fala de Paz.

Neste momento de agradecimentos, quero compartilhar o pão, singelo, fotografado na capa do livro, sendo partido, com vocês amigos leitores, que possibilitaram essa 2ª edição.

Mãos compartilhando o Pão... Essa, pra mim, é a grande imagem representativa da Paz !

Quero também, além de agradecer às pessoas que ajudaram a tornar possível a realização desse projeto, dividir com elas o Pão da Paz.

Não somente o livro, mas o pão mesmo... Um Verdadeiro Pão da Paz, numa receita especialmente criada por mim, e publicada no começo desta edição.

Ficarei honrado em ter todos vocês saboreando comigo pães quentinhos saídos do meu forno-de-barro, numa grande festa de confraternização de paz.

Tantas pessoas, tantos nomes... Não gostaria de esquecer ninguém, mas se esqueci alguém, me perdoem sinceramente.

Às pessoas envolvidas na primeira edição do livro, da Editora Senac, da Usiminas/Cosipa, que me acolheram com tanto carinho, meus sinceros agradecimentos.

Aos editores, desta 2ª fase, meu muito obrigado, por continuarem a apostar na Paz.

Quem não pode faltar nessa festa de confraternização é a equipe do Grande Hotel Senac -Campos do Jordão, que além de confeccionar e testar a maioria dos pães para as fotos, nos hospedaram, com generosidade.

O pessoal da minha equipe, claro, também não podem faltar na festa, Airton, Emiliano e especialmente, meu grande amigo Salvador de Rosa, pela sua dedicação e por seu acurado olhar, que tornaram o trabalho das fotos, o mais esmerado possível.

Agradeço muito especialmente ao meu filho Diogo, por suas lições fundamentais no uso do Photoshop – tão novo para mim, e por me incentivar tanto, com o projeto do livro.

Minha mãe, a dona Cida – que além de torcer e rezar pelo sucesso do livro, me emprestou seus objetos queridos para a produção das fotos, terá seu pão especial nessa confraternização.

A meu pai, o doutor Rubens, infelizmente já falecido, estando onde estiver, e que gostava tanto de saborear pães fresquinhos... "Assei vários pães procê, velho..."

Marilena Braga, por sua paciência em traduzir as receitas do inglês, também terá um lugar especial nessa confraternização.

À Dona Marina, minha eterna sogra, e que há muitos anos atrás me ensinou pacientemente os segredos fundamentais no fabrico de pães, um beijo carinhoso e um pão bem quentinho.

À minha família, de um modo geral, obrigado pelo apoio e pela torcida !

Um especial agradecimento a Plinio Tadeu do Amaral Malheiros, meu amigo e irmão, que torceu muito para o sucesso do livro, mas que desencarnou tão precocemente me deixando muito triste, que com certeza estará sempre presente no meu coração, e para quem assei com muito carinho um pão mais que especial.

Ao meu outro irmão, com quem estou comemorando quarenta anos de amizade, Fábio Correa Ayrosa Galvão, mais conhecido como Fábio Jr., que igualmente me apoiou, torceu e me incentivou incansávelmente, com que assei e assarei vários pães lá no sossego do sítio, meus especiais agradecimentos e um beijo no coração.

Sheila Nachtigall, minha querida amiga, um grande beijo e obrigado pelos seus dedicados testes das receitas.

Agradeço também à Maria Angélica Spínola, da Docelar União, cujas dicas sobre fermentos naturais foram de grande valia.

Para esse evento, convido a equipe da Galeria dos Pães e da Bakery Itiriki, e agradeço suas preciosas lições de panificação e generosidade.

Assarei vários pães de agradecimento para o Berel e o Luís, da Atlanta Propaganda, por seus lindos layouts e sua esmerada criação.

Às especiais Lucimeire Leite, Fabiana Tsukahara, Cintia Gama, aos meus amigos Fernando Rios, Ricardo Maranhão, Antonio José Zacharias e Silvio Brito, ao pessoal do Sesc Ipiranga, às equipes da Look Comunicações e da In Press Assessoria de Comunicação, aos meus colegas da imprensa por seus generosos elogios ao livro, meu muitíssimo obrigado...

A todos que gentilmente me enviaram receitas, ou que me franquearam o acesso aos seus fundamentais cadernos de receitas-de-família, um agradecimento mais que especial.

E por fim, sem que por isso sejam menos importantes, meus agradecimentos a Cristina Aschermann, amiga e companheira, por sua dedicação e torcida ao sucesso do projeto, pelos incontáveis cafezinhos que me deixaram alerta nas madrugadas, pelas preciosas massagens nas costas e por seu amor.

*As últimas palavras do livro: Imagine, de John Lennon...

Imaginem...Imaginem...

Um beijo carinhoso a todos e tenham a certeza de terem um lugar especialmente reservado no meu coração.

A meu pai, Rubens de Almeida Braga, um conciliador;
à minha mãe, Maria Apparecida A. Braga, pacifista convicta;
e a meu filho Diogo Braga, que me incentivou.

O Pão no Tempo

Fernando Rios e Ricardo Maranhão

1.500.000 A.C.	Presume-se que o Homo erectus passou de apropriador de carcaças a caçador.
1.000.000 A.C.	Possível começo da história da alimentação transformada, com o uso do fogo, carnes assadas e a coleta espontânea de frutas, sementes e raízes.
200.000 A.C	Aumento da caça e do consumo de carne.
40.000 A.C.	Desenvolvimento da caça especializada de manadas de renas, cavalos, bisões e mamutes.
10.000 A.C.	Auge do período Mesolítico, utilização de pedras para moer os grãos, torrando-os sobre pedras, misturando com água e cozinhando a mistura sobre brasas, produzindo um alimento precursor do pão.
9.000 A.C.	Início do período Neolítico e das primeiras práticas de agricultura. Nos territórios que compreendem os atuais Egito, Turquia, Síria, Iraque e Irã e na antiga Núbia, na China e no México, seres humanos buscam terras de vales férteis e produtivos, para o acampamento de antigas tribos nômades. Moldagem de pedras para fazer utensílios, almofarizes, moedores de grãos.
8.000 A.C.	A origem mesopotâmica do cultivo dos cereais e da panificação. No sul e no leste da Ásia, cultivo do arroz.
7.000 A.C.	Em escavações arqueológicas realizadas em Rouffignac, na França, foram encontrados resíduos de cereais, datados pelo método do Carbono 14, de pouco mais de 7.000 anos A.C.
6.000 A.C.	Baixos-relevos e outros vestígios encontrados em ruínas mesopotâmicas e templos egípcios mostram que eles já sabiam cultivar o trigo.
5.200 A.C.	Diversas evidências arqueológicas do cultivo regular de milho no México.
3.500 A.C.	Uma cesta com pães dessa época foi encontrada em uma tumba, em Tebas, no Egito.
3.000 A.C.	Os egípcios descobrem o fermento, sendo o primeiro povo a consumir pão fermentado, como o conhecemos hoje, e fabricado conjuntamente com a cerveja.
2.900 A.C.	Invenção do moinho de trigo de pedras cilíndricas na Suméria.
2.700 A.C.	Trigo como objeto de cultivo e adoração entre os habitantes do leste da China.
2.100 A.C.	Vestígios arqueológicos de Ur, na Suméria, mostram a existência de bodegas onde se serviam pão, cerveja e peixe frito.
2.000 A.C.	Achados arqueológicos dessa data revelam que os chineses já consumiam regularmente macarrão, semelhante ao espaguete, feito de trigo.
1.200 A.C.	Gravura do templo funerário do faraó Ramsés II descreve detalhes técnicos da fabricação do pão, em larga escala; os trabalhadores rurais egípcios recebem salário diário em pão e cerveja.
1.000 A.C.	Olmecas do México idolatram Deus do Milho. Civilizações indígenas da Amazônia cultivam mandioca e começam a fazer beijus e outras formas de alimento básico que funcionam como o seu "pão".
400 A.C.	Maias do México utilizam o milho para fazer "tacos", bolos e outros alimentos similares ao pão.
250 A.C.	Surgem as primeiras padarias na Grécia, como estabelecimentos comerciais. Entre os gregos, o pão passou a ocupar um lugar preponderante à mesa.
140 A.C.	Primeiras padarias em Roma, boa parte delas montadas por gregos. Foi no tempo de Trajano, no século II, que se desenvolveu a indústria das padarias públicas. Antes disso, o pão era produzido em casa pelas romanas. Nessa época, foi criada a primeira escola para padeiros em Roma, bem como a primeira associação oficial de panificadores, homens de grande estatuto social e que gozavam de isenção de alguns impostos. Os romanos conheciam 70 variedades de pão.
SÉCULO I D.C.	Expansão do cristianismo, religião que tem o pão como elemento central de sua crença e de sua liturgia.
30 D.C.	Augusto César toma o Egito, que vai passar a fornecer 1/3 das necessidades de trigo de todo Império Romano
476 D.C.	Queda do Império Romano Ocidental, invasões bárbaras, fim das padarias, o pão perde momentaneamente o valor social que tinha antes, é feito em escala e processo caseiros.
800 D.C.	Carlos Magno, rei dos francos, coroado Imperador, tabela os preços do trigo e proíbe sua exportação.
833 D.C.	Início da utilização de moinhos de vento para processar o trigo.
871 D.C.	Alfredo, o Grande, rei da Saxônia, determina que cada camponês deve ter um nobre protetor que lhe garanta o pão.

SÉCULO XII	Voltam a funcionar padarias nos burgos e cidades medievais. Registram-se mais de 20 tipos de pães na França. Introdução das técnicas italianas de panificação. Na Áustria, em Viena, o rei Henrique II estabelece pesos e medidas para o pão.
1266	Henrique III da Inglaterra fixa preços de pão e margens de lucro para o padeiros.
1358-1381	Revoltas camponesas na França (Jacquerie) e na Inglaterra (Wat Tyler), contra a exploração e pelo direito de moer cereais e cozer pão.
SÉCULO XVII	Invenção do sanduíche, pelo conde Sandwich.
1789	Queda da Bastilha, marco da Revolução Francesa, numa revolta popular causada principalmente pela escassez e preço do pão.
1790	Oliver Evans inventa em Filadélfia (EUA) o moinho a vapor de sete andares, melhorando muito a qualidade da farinha
1834	O inglês Philo Stewart inventa o fogão cilíndrico de ferro, facilitando a produção doméstica de pão.
1835	Primeiro estabelecimento comercial vendendo pão de trigo no Brasil, no Rio de Janeiro. De acordo com Gilberto Freyre, antes disso o alimento com uso de farinha era à base de mandioca e milho, beijus e pirões, nossos precursores do pão.
1850	Em Liverpool, Grã-Bretanha, T. Vicars inventa o forno de padaria com funcionamento contínuo.
1865	Pasteur descobre a explicação científica para a fermentação do pão e o fermento como o conhecemos hoje.
1872	Primeiros fornos a gás na Inglaterra.
1901	Fornos elétricos para assar pão.
1915	Fornos de padaria equipados com termostato.

Nota dos Editores

Esta segunda edição ampliada e revisada do "Pão da Paz" trás também uma necessária explicação para os leitores.

Como editores, participamos deste projeto em conjunto com o autor visando o máximo de metodologias e critérios corretos do ponto de vista político, nutricional e histórico.

Assim cabem algumas observações:

A ONU representa a busca pela Paz mundial, assim optamos o critério básico de elencar os países membros desta instituição por sua grafia original em Inglês, língua oficialmente utilizada. Estando em inglês, a ordem de entrada é alfabética, com o nome dos países traduzidos para o português ao lado. Dividimos os países por continentes apenas como uma estratégia de leitura.

A palavra Paz, no(s) idioma(s) oficial(ais) de cada país, é um critério igualmente relacionado aos convencionados internacionalmente e o nome das receitas vem sempre que possível na língua original com sua respectiva tradução. Evidentemente "romanizado" quando de línguas não latinas.

Sobretudo é necessário enfatizar a proposta do autor de que estas receitas são uma forma simbólica de homenagear a Paz entre os homens e não existe um critério formal para escolher uma receita de pão que represente fidedignamente a "unidade" de cada país. O critério, ao contrário, é o de curadoria, uma escolha pessoal do autor.

Finalmente, resta expressarmos nossa imensa satisfação em celebrar esta obra, parabenizando o autor e os leitores nesta comunhão de fé na Paz, o que se faz também por meio de livros!

Editora Boccato
Editora Gaia

Um verdadeiro pão da paz

Ingredientes:
250 g de Equilíbrio • 50 g de Dignidade • 22,5 g ou 11/2 tablete de fermento de Amor • 2 xícaras (chá) de Desprendimento • 5 colheres (sopa) de Respeito • 8 xícaras (chá) de Harmonia • 5 doses de Paciência • 2 pitadas de Entendimento

Modo de preparo:
Escolha e lave o Equilíbrio e reserve.
Misture levemente o Amor com as 2 xícaras de Desprendimento, cubra com um pano branco e deixe descansar em um lugar morno para crescer bastante, longe das correntes de ódio e longe dos ventos da discórdia.
Adicione o Respeito, a Dignidade, as doses de Paciência e as pitadas do Entendimento. Adicione metade da Harmonia e todo o Equilíbrio reservado.
Misture calmamente todos os ingredientes e amasse suavemente com as mãos sobre uma superfície polvilhada com o restante da Harmonia.

Sove delicadamente a massa, incorporando sem pressa todos os elementos da receita. Procure deixar a massa macia, divida-a em três tiras compridas (do presente, passado e futuro) e forme uma trança.
Una as extremidades, fazendo um círculo, simbolizando a Roda da Vida, sem começo nem fim.
Deixe a massa crescer em lugar abrigado até dobrar ou triplicar de tamanho.
Quanto mais tempo você deixar essa massa descansando, mais ela crescerá e resultará num pão delicioso.
Preaqueça o forno do Coração em temperatura moderada, coloque delicadamente seu pão para assar.
Em pouquíssimo pouquíssimo tempo, você terá o Pão da Paz.
Reparta-o em pedaços e compartilhe com todos.
Esse pão alimenta milhares de pessoas e conforta o espírito.

(feito e fotografado pelo autor)

Não se come um pão inteiro, parte-se com as mãos

A idéia deste livro surgiu a partir de um acontecimento lamentável: os atentados de 11 de setembro. Eu, pacifista convicto, fiquei chocado com o que vi e imediatamente quis fazer algo a respeito. Amigos meus, que estavam indo para o trabalho naquela linda manhã, haviam morrido durante aquele ato bárbaro e isso não deveria ter acontecido. Fiquei uns dias embatucando e pensando na paz. Desejando a paz. Ansiando pela paz. Como minha área de trabalho é ligada à gastronomia (sou fotógrafo de culinária), pensei sobre o que tinha acontecido e sobre uma forma ideal de convivência pacífica entre os povos do mundo, e me perguntei se existiria algum tipo de alimento comum a todos os povos do mundo. Por que alimento? Quando nos alimentamos, não importa onde estejamos, geralmente nos sentamos à mesa, em paz, compartilhando com outras pessoas os alimentos. Logo me veio à cabeça o pão. Claro! O pão. Como não tinha pensado nisso antes? Comum a todos os povos, a todas as etnias, a todas as religiões.

O homem faz e consome pão desde que começou a se agrupar, dividindo os alimentos entre seu grupo. Essa divisão do alimento entre as pessoas acontece em clima de paz. Desprendidamente. O próprio pão pressupõe a divisão. Não se come um pão inteiro. Parte-se com as mãos. Alguns, de casca mais dura, pedem o auxílio de uma faca... mas sempre se divide o pão, compartilhando com quem estiver ao lado. A palavra pão acabou virando sinônimo de alimento. O pão de cada dia. O pão quentinho recém-saído do forno... inundando a casa com seu cheiro delicioso... chamando todos para a refeição. Comecei a pesquisa, levantando uma receita de cada país do mundo, de cada etnia, de cada religião. Amigos me enviaram receitas, comecei a revirar antigos livros de culinária, cadernos de receitas da família, buscas na internet, em bibliotecas, em sebos, xeretando em tudo. Um trabalho árduo. Entre todas as receitas, centenas delas, selecionei uma de cada lugar da Terra. De países que eu nem sabia que existiam.

A escolha poderia ter sido feita por etnia, por regiões do planeta, entre outros critérios possíveis, mas optei por representar aqui os 195 países membros das Nações Unidas, por esta ser uma entidade mundialmente reconhecida no seu trabalho na busca pela paz. Como diz a *Carta da ONU*, seus países membros devem "praticar a tolerância e viver em paz, uns com os outros, como bons vizinhos, e unir as nossas forças para manter a paz e a segurança internacionais, e a garantir, pela aceitação de prinicípios e a instituição dos métodos, que a força armada não será usada a não ser no interesse comum, a empregar um mecanismo internacional para promover o progresso economico e social de todos os povos".

Posso ter cometido alguns enganos, seja na escolha da receita típica de cada país, seja na sua grafia correta. Peço que me perdoem, caso isso tenha acontecido. Fui pela intuição, pelo feeling. Fui farejando o cheirinho de cada pão, sentindo cada aroma, cada sabor. Vou adorar receber e-mails sugerindo receitas que eu poderia ter escolhido. Serão, com certeza, incluídas em eventuais próximas edições.

Além de fotógrafo e pacifista, sou padeiro amador. Meus amigos mais chegados sabem que adoro confeccionar e compartilhar, com quem estiver por perto, os pães que saem da minha cozinha. Fiquei, portanto, fascinado com a variedade de formas de se fazerem pães ao redor do mundo. Muitos povos não comem pão tal como conhecemos no Ocidente. Pães cozidos, assados, fritos, das mais variadas formas. Ao pé da fogueira, assados em fornos de barro, cozidos em pedras quentes, de inúmeras formas. Algumas culturas não conhecem as formas tradicionais do pão, mas o substituem por bolos, biscoitos, massas recheadas. O que as une, porém, é que o pão é sempre um alimento feito a partir da farinha, seja ela de que tipo for, agregando outros ingredientes e dando à massa uma forma atraente. E, claro, dividem esse pão com seus amigos, com seus familiares. Celebrando a paz... em várias línguas, cada um do seu jeito, no seu idioma.

Se pudéssemos fazer uma enquete mundial e perguntar a cada pessoa do mundo qual seu maior anseio, posso apostar que o desejo de paz ganharia disparado. Juntei, então, às receitas a palavra paz, na língua de cada povo. E, ainda, colecionei algumas dezenas de frases, alusivas à paz, proferidas por representantes do gênero humano e que, de alguma forma, em algum momento, desejaram ou falaram sobre paz.

E, claro, fotografei todos os pães, receita por receita, juntando num só espaço três coisas que, para mim, são apaixonantes: a paz, a fotografia e o pão. Divido essas minhas paixões com quem estiver com esse livro nas mãos. O pão da paz: 195 receitas de pão de países membros da ONU. Fotografado e feito com todo carinho e amor.

Outono de 2005, a estação que mais gosto no ano.

Paulo Braga

Summary

Agradecimentos 6
Dedicatória 7
O Pão no Tempo 8
Nota dos Editores 9
Um verdadeiro pão da paz 10
Não se come um pão inteiro, parte-se com as mãos 11
Pão da Paz: Uma história para meditar e degustar 15

AFRICA, 17

Algeria (Argélia) 23
Angola 23
Benin 24
Botswana (Botsuana) 24
Burkina Faso 26
Burundi 26
Cameroon (Camarões) 27
Cape Verde (Cabo Verde) 27
Central African Republic
(República Centro-Africana) 29
Chad (Chade) 29
Comoros (Comores) 32
Congo (Republic of the) 33
Côte d'Ivoire (Costa do Marfim) 34
Democratic Rep. of the Congo
(República Democrática do Congo) ... 34
Djibouti (Djibuti) 36
Egypt (Egito) 36
Equatorial Guinea (Guiné Equatorial) ... 37
Eritrea (Eritréia) 37
Ethiopia (Etiópia) 39
Gabon (Gabão) 39
Gambia (Gâmbia) 42
Ghana (Gana) 43
Guinea (Guiné) 43
Guinea-Bissau (Guiné-Bissau) 44
Kenya (Quênia) 44
Lesotho (Lesoto) 45

Liberia (Libéria) 46
Libyan Arab Jamahiriya (Líbia) 47
Madagascar (Madagascar) 47
Malawi (Malauí) 48
Mali 48
Mauritania (Mauritânia) 53
Mauritius Islands (Ilhas Maurício) 53
Morocco (Marrocos) 54
Mozambique (Moçambique) 55
Namibia (Namíbia) 55
Niger (Níger) 56
Nigeria (Nigéria) 56
Rwanda (Ruanda) 57
Sao Tome and Principe
(São Tomé e Príncipe) 57
Senegal 58
Seychelles (Seicheles) 58
Sierra Leone (Serra Leoa) 63
Somalia (Somália) 63
South Africa (África do Sul) 64
Sudan (Sudão) 64
Swaziland (Suazilândia) 65
Togo 65
Tunisia (Tunísia) 66
Uganda 66
United Rep. of Tanzania (Tanzânia) ... 68
Zambia (Zâmbia) 69
Zimbabwe (Zimbábue) 69

AMERICA, 73

CENTRAL AMERICA

Antigua and Barbuda
(Antígua e Barbuda) 79
Bahamas 79
Barbados 80
Belize 81
Costa Rica 81
Cuba 82
Dominica 82
Dominican Republic
(República Dominicana) 84
El Salvador 84
Grenada (Granada) 85
Guatemala 85
Haiti 86
Honduras 87
Jamaica 87
Nicaragua (Nicarágua) 91
Panama (Panamá) 91
Saint Lucia (Santa Lúcia) 92
Saint Kitts and Nevis
(São Cristóvão e Nevis) 92
Saint Vincent and the Grenadines

(São Vicente e Granadinas) 93
Trinidad and Tobago
(Trinidad e Tobago) 94

NORTH AMERICA

Canada (Canadá) 95
Mexico (México) 96
United States of America
(Estados Unidos da América) 96

SOUTH AMERICA

Argentina 99
Bolivia (Bolívia) 99
Brazil (Brasil) 102
Chile 102
Colombia (Colômbia) 104
Ecuador (Equador) 104
Guyana (Guiana) 105
Paraguay (Paraguai) 106
Peru 106
Suriname 107
Uruguay (Uruguai) 109
Venezuela 109

ASIA, 113

Afghanistan (Afeganistão)	119
Armenia (Armênia)	119
Azerbaijan (Azerbaijão)	120
Bangladesh	120
Bhutan (Butão)	123
Brunei Darussalam (Brunei)	123
Cambodia (Camboja)	124
China	124
Dem. People's Rep. of Korea (Coréia do Norte)	128
Georgia	128
India (Índia)	129
Indonesia (Indonésia)	131
Japan (Japão)	131
Kazakhstan (Cazaquistão)	132
Kyrgyzstan (Quirguistão)	132
Lao People's Dem. Rep. (Laos)	134
Malaysia (Malásia)	134
Maldives (Maldivas)	135
Mongolia (Mongólia)	135
Myanmar (Mianmar)	138
Nepal	138
Pakistan (Paquistão)	139
Philippines (Filipinas)	139
Republic of Korea (Coréia do Sul)	140
Russian Federation (Federação Russa)	141
Singapore (Cingapura)	143
Sri Lanka	143
Tajikistan (Tajiquistão)	144
Thailand (Tailândia)	144
Timor-Leste	145
Turkmenistan (Turcomenistão)	146
Uzbekistan (Uzbequistão)	146
Viet Nam (Vietnã)	147

MIDDLE EAST

Bahrain (Barein)	150
Iran (Islamic Republic of) - (Irã)	150
Iraq (Iraque)	151
Israel	152
Jordan (Jordânia)	152
Kuwait (Kuaite)	154
Lebanon (Líban rábia Saudita)	157
Syrian Arab Republic (Síria)	158
Turkey (Turquia)	158
United Arab Emirates (Emirados Árabes Unidos)	159
Yemen (Iêmen)	159

EUROPE, 163

Albania (Albânia)	168
Andorra	168
Austria (Áustria)	169
Belarus	170
Belgium (Bélgica)	170
Bosnia and Herzegovina (Bósnia-Herzegovina)	172
Bulgaria (Bulgária)	173
Croatia (Croácia)	174
Cyprus (Chipre)	175
Czech Republic (República Tcheca)	175
Denmark (Dinamarca)	176
Estonia (Estônia)	177
Finland (Finlândia)	181
France (França)	181
Germany (Alemanha)	182
Greece (Grécia)	182
Hungary (Hungria)	185
Iceland (Islândia)	185
Ireland (Irlanda)	187
Italy (Itália)	187
Latvia (Letônia)	188
Liechtenstein	188
Lithuania (Lituânia)	189
Luxembourg (Luxemburgo)	189
Macedonia (Macedônia)	192
Malta	192
Monaco (Mônaco)	194
Montenegro	194
Netherlands (Holanda)	195
Norway (Noruega)	197
Poland (Polônia)	197
Portugal	198
Republic of Moldova (Moldova)	198
Romania (Romênia)	201
San Marino	201
Serbia (Sérvia)	202
Slovakia (Eslováquia)	203
Slovenia (Eslovênia)	203
Spain (Espanha)	206
Sweden (Suécia)	206
Switzerland (Suíça)	208
Ukraine (Ucrânia)	209
United Kingdom (Reino Unido):	
England (Inglaterra)	211
Northern Ireland (Irlanda do Norte)	211
Scotland (Escócia)	212
Wales (País de Gales)	213

OCEANIA, 217

Australia (Austrália)	222
Fiji	222
Kiribati	224
Marshall Islands (Ilhas Marshall)	224
Micronesia (Federated States of) (Micronésia)	225
Nauru	226
New Zealand (Nova Zelândia)	226
Palau	227
Papua New Guinea (Papua Nova Guiné)	229
Samoa	229
Solomon Islands (Ilhas Salomão)	230
Tonga	231
Tuvalu	232
Vanuatu	232

Prêmio Nobel da Paz 236
Índice de receitas 238

Pão da paz

Uma história para meditar e degustar

A agricultura – com o cultivo dos grãos – foi a contribuição de maior impacto e de mais longa duração entre as evoluções ou invenções da humanidade. Até os dias atuais, a alimentação de toda a raça humana se constitui em 90% do que ela obtém através do plantio agrícola, e todos os carboidratos e três quartos das proteínas que alimentam o mundo são derivados de plantações. O cultivo dos cereais, dos quais o trigo foi e continua sendo o mais proeminente, e de algumas raízes e tubérculos, em segunda escala, permeia a história de toda a humanidade, entranhando e constituindo literalmente o tecido e o sustentáculo desta trajetória. No terreno da transcendência, mitologias em todas as culturas mundiais também alimentam a velha alma do mundo com algum exemplo de pão simbólico. O pão é vida. O pão dá a vida.

E mais: não seria nenhum exagero afirmar que, mesmo depois de todas as revoluções da Era Moderna e mais ainda da Pós-Modernidade, a produção de alimentos continua sendo o eixo e a maior das atividades econômicas do mundo. Ou seja, o pão ainda é o esteio da humanidade, obtido e comercializado "com o suor de cada rosto", tal qual vaticinaram as palavras do Gênesis na Bíblia.

A cronologia do pão, bem como a história da alimentação, não pode ser rigorosamente estabelecida. Tudo começou, provavelmente, há quinhentos mil anos, com o domínio do fogo, assando as caças e o produto da coleta espontânea de sementes e tubérculos. Há 100 mil anos, comprovam os registros, as populações da Ásia e da Mesopotâmia (atual Irã e Iraque) já cozinhavam pães sobre pedras e fogueiras, simples massa de cereais umedecidos.

No Oriente Médio, precisamente no vale do rio Jordão, 12 mil anos antes da Era Cristã, foram encontrados vestígios do cultivo de espécies primitivas de trigo e cevada. Já no sexto milênio antes da nossa era, o trigo passa a ser testemunho de uma agricultura intensiva. Três mil anos mais tarde, os egípcios descobrem o uso do fermento. Por sua vez, a Antiguidade pré-cristã do Mediterrâneo, tanto na Grécia quanto em Roma, irá assistir ao advento das primeiras padarias públicas. No Ocidente, com a Idade Média, o pão é elaborado nos lares mas, paralelamente, surgem as primeiras associações de padeiros, com diferentes tipos de farinha – branca e escura – a diferenciar as classes sociais entre senhores e servos.

As eras moderna e industrial irão sedimentar o pão, ou a farinha do trigo, como o símbolo civilizador na história do homem. Atualmente um total de 600 milhões de acres do planeta são cobertos com plantações de trigo! Outros amidos de farinhas e grãos mais adaptáveis e menos exigentes – centeio e milho – completam a santa trindade nas mais variadas traduções para o pão-de-cada-dia ao redor do globo.

O pão, o eterno alimento e denominador universal na saga da civilização humana, anunciou, desde os primórdios, o sentido atualíssimo da globalização. Resta repetir o milagre da multiplicação, da partilha, da conscientização e da tolerância diante das diversidades e adversidades do planeta. Lembrar o dito popular brasileiro "em casa que falta pão, todos gritam e ninguém tem razão", seria algo como conjugar a paz, indo além das contingências de tempo e espaço, com a sanidade do princípio da coexistência humana: viver e deixar viver.

Africa · UN country members

Algeria	Cape Verde	Djibouti	Ghana	Madagascar	Namibia	Sierra Leone	Uganda
Angola	Central African Republic	Egypt	Guinea	Malawi	Niger	Somalia	United
Benin	Chad	Equatorial Guinea	Guinea-Bissau	Mali	Nigeria	South Africa	Republic of
Botswana	Comoros	Eritrea	Kenya	Mauritania	Rwanda	Sudan	Tanzania
Burkina Faso	Congo (Republic of the)	Ethiopia	Lesotho	Mauritius	Sao Tome and Principe	Swaziland	Zambia
Burundi	Côte d'Ivoire	Gabon	Liberia	Morocco	Senegal	Togo	Zimbabwe
Cameroon	Democratic Republic of the Congo	Gambia	Libyan Arab Jamahiriya	Mozambique	Seychelles	Tunisia	

África

Daqui partiram homem e pão, em uma jornada simbiótica

Em sua longa trajetória, o pão, como o conhecemos hoje em forma, textura e sabor, surgiu às margens do Nilo. Antes da grande civilização do Egito, todos os outros povos do mundo antigo alimentavam-se de papa de cereais (sorgo, cevada, aveia, centeio e até mesmo trigo), misturados à água, cozidos sobre carvão vegetal.

Acidentalmente ou não, os egípcios foram muito além, ao deixar que a levedura da farinha molhada entrasse em processo de fermentação e, aparentemente deteriorada, desse origem ao pão, o alimento que seria a razão daquela economia e até hoje o alimento comum da humanidade. Surgia assim a fermentação. Por correspondência, eles também "inventariam" a cerveja, que curiosamente passaria a ser, ao lado do pão, a moeda de todo o sistema econômico e produtivo daquele majestoso povo que vicejou as margens do rio Nilo. O Egito pode ser traduzido como a primeira grande empresa de economia agrária que o mundo conheceu, ou como a maior propriedade fundiária da história, em que a população agrícola garantia as riquezas de uma imensa economia privada – os faraós e seus administradores – mas riquezas que eram, no final, revertidas para a manutenção do mesmo grupo de produção.

Naquele Egito, todo e qualquer trabalho passaria a ser remunerado e valorado em medidas de pão. Como observou o historiador austríaco H. Eduard Jacob, no início do século XX, em seu consistente e provavelmente inaugural trabalho sobre o tema pão, "o número de pães significava riqueza e seus fornos espalhados pelo país podiam ser comparáveis a oficinas de produção de moedas" . Um trabalhador rural do Egito antigo recebia como salário três pães e duas canecas de cerveja por dia. A classe dos sacerdotes era mais generosamente remunerada, entre cotas anuais de pães, bolos e muita cerveja; porém as queixas com relação aos "insuficientes rendimentos" já se verificavam entre essa privilegiada classe.

Heródoto já observara que os egípcios tratavam-se de um povo "que faz tudo diferentemente dos restantes mortais". Foram eles também a dar mais um passo decisivo, completando a mágica do pão, que cresce e se modifica num delicioso e unânime sustento da vida humana: os fornos de tijolos, semelhantes aos fornos de barro que hoje conhecemos, então erguidos com tijolos de lama do Nilo, invenção também atribuída a esse povo único.

[1] Heinrich Eduard Jacob, *Seis mil anos de pão* (São Paulo: Nova Alexandria, 2004).

Em sua obstinação por assegurar vida ou retorno garantido aos seus mortos, em preservar e mumificar tudo o que já não mais pertencesse à vida, em se ocupar tanto com a vida além-túmulo a ponto de fornecer aos falecidos, em suas tumbas piramidais, alimentos e pães frescos quase que diariamente. Enfim, graças a esses cultos e obstinadas crenças que negavam o "fim mortal" para os homens, os egípcios deixaram o maior legado em documentação histórica a que se já teve acesso.

E talvez pela mesma razão e ânsia de imortalidade, os egípcios foram os pioneiros no desenvolvimento da agricultura de grãos, na qual estava implícita a arte da multiplicação de pães, capaz de alimentar sua sociedade de vivos e contemporâneos, e seus venerados mortos.

De qualquer maneira, a história humana nunca mais seria a mesma. Domesticado e dominado o cultivo do trigo nos quatro cantos do mundo, o homem, a política e a economia equacionam, até os dias de hoje, uma justa partilha por este pão nosso de cada dia, como a própria gênese e ponto de equilíbrio da existência da humanidade.

E como "nem só de pão vive o homem", pode-se observar que o alimento do espírito humano misteriosamente se consubstancia em "pão" divino e transcendente, em todas as culturas do mundo.

A propósito, a própria palavra cultura – no sentido de conjunto de referências ou do código no desdobramento de manifestações de etnias e grupos sociais – está direta e indiretamente ligada ao campo, à terra, ao cultivo, à "cultura", obviamente de grãos! O continente africano, em sua totalidade, abriga diferentes tradições no legado dos pães. A etnografia africana antiga amparou-se em uma agricultura de tubérculos e raízes, como o inhame e o cará, além de cereais primitivos, como o milhete; fáceis de replantar, não exigiam grandes habilidades técnicas culinárias, como para fazer um bom pão de trigo. Hoje restam traços dessa remota tradição que, combinada à força do imperialismo colonial europeu, acabou por promover o maior intercâmbio cultural e de mútuas e múltiplas influências culinárias. A mão-de-obra escrava, então requisitada na África e transportada para os domínios do Novo Mundo, levou consigo tradições de seus cardápios: feijão-fradinho, feijão-de-corda, quiabo, cará, banana-da-terra e melancia, canjica (mingau de milhete) e as farinhas rústicas e grossas de cará e inhame. Os colonizadores europeus, por sua vez, deixaram implantada a revolução do trigo, dessa vez atravessando milênios de história, de transformações geopolíticas e econômicas, e voltando triunfal ao ponto de origem.

ANGOLA

Salam

Algeria
Argélia
Membro da ONU desde 8 de outubro de 1962

Koeksisters (Pãezinhos de Ervas Finas)

Ingredientes:
Massa: 1/2 colher (sopa) de fermento biológico seco • 250 g de açúcar • 400 g de farinha de trigo • 2 colheres (chá) de canela • 1 colher (chá) de especiarias (ervas finas) • 4 ovos • 150 g de manteiga sem sal, amolecida • óleo para fritar.
Cobertura: 250 g de açúcar • 180 ml de água • canela a gosto

Modo de preparo:
Massa: Misture o fermento com o açúcar. Misture os ingredientes secos e adicione-os à mistura. Bata os ovos e acrescente à mistura. Acrescente a manteiga; deixe descansar por 1 hora. Abra com um rolo e corte em triângulos. Frite no óleo.
Cobertura: Ferva o açúcar, a água e a canela até que forme uma calda não muito grossa. Mergulhe os retângulos de massa frita na calda ainda quente e deixe esfriar.

Paz

Angola
Angola
Membro da ONU desde 1º de dezembro de 1976

Pão

Ingredientes:
250 g de farinha de trigo • 2 colheres (sopa) de açúcar • 1 colher (sopa) de fermento biológico seco • 1 ovo • 1/2 colher (chá) de sal • leite frio

Modo de preparo:
Bata a clara em neve e reserve. Misture a farinha, o açúcar, o fermento, a gema e o sal. Aos poucos, coloque leite o suficiente até que a massa fique macia. Adicione a clara em neve. Deixe descansar por 5 minutos e depois faça pãezinhos não muito grandes. Coloque-os numa assadeira deixando bastante espaço entre eles. Leve ao forno preaquecido a 200ºC, que deve estar muito quente para assar os pães rápida e intensamente.

Africa

Benin
Benin

Membro da ONU desde 20 de setembro de 1960

Paix

Benin' Injera (Pão Chato)

Ingredientes:
4 xícaras (chá) de farinha de trigo com fermento • 1 xícara (chá) de farinha de trigo integral • 1 colher (chá) de fermento químico • 2 xícaras (chá) de soda limonada • 4 xícaras (chá) de água (quantidade aproximada)

Modo de preparo:
Junte as farinhas e o fermento em uma tigela. Acrescente a soda limonada e a água. Faça uma massa lisa, bem fina, com o auxílio da batedeira. Aqueça uma frigideira grande anti-aderente. Retire-a do fogo e despeje massa o suficiente para cobrir o fundo da frigideira. Espalhe a massa sobre a superfície da frigideira e coloque-a de volta ao fogo. Quando a mistura desidratar e pequenos buracos aparecerem na superfície, retire a massa. Deve-se cozinhar apenas de um lado e não deve ficar muito escura. Se a primeira ficar muito pastosa ou meio crua, talvez seja necessário cozinhar um pouco mais ou fazer a próxima mais fina. Como acontece com as panquecas, cuide para não cozinhá-las demais, pois podem ficar crocantes demais e não será possível dobrá-las. Empilhe as massas já cozidas, cobrindo-as com pano limpo para impedir que se ressequem.

Botswana
Botsuana

Membro da ONU desde 17 de outubro de 1966

Peace/Khotso

Cajun Banana Bread (Pão de Banana-da-Terra)

Ingredientes:
2 xícaras (chá) de banana da terra picada e amassada • 1 xícara (chá) de açúcar • 2 ovos • 100 g de manteiga derretida e resfriada • 2 xícaras (chá) de farinha de trigo • 2 colheres (chá) de bicarbonato de sódio • 3 colheres (sopa) de nata de leite • 1 xícara (chá) de nozes-pecãs secas, torradas e picadas

Modo de preparo:
Em uma tigela grande junte as bananas, o açúcar e os ovos, batendo bem com uma colher até uma mistura homogênea. Acrescente gradualmente a manteiga, mexendo bem; vá adicionando a farinha e o bicarbonato de sódio até que a mistura esteja bem cremosa. Acrescente a nata do leite. Coloque a massa sobre as nozes-pecãs.

Esta receita poderá ser feita no formato de pão ou de muffins.

Para pão: Despeje a massa em duas fôrmas para pão, untadas. Asse a 200ºC por 30 minutos; depois reduza o calor para 150ºC e asse até que adquira coloração levemente dourada e esteja bem assado, por cerca de 45 minutos. Retire da fôrma imediatamente e esfrie em uma grade por 30 minutos antes de servir.

Para muffins: Despeje a massa em doze forminhas para muffins, untadas. Asse a 200ºC, até que fiquem dourado-escuros e prontos, por cerca de 65 minutos. Deixe descansar por 5 minutos. Retire das fôrmas e esfrie conforme instrução dada acima para o pão.

BENIN

Africa

Burkina Faso
Burkina Faso
Membro da ONU desde 20 de setembro de 1960

Paix

Klappertert (Pão de Banana)

Ingredientes:
Óleo vegetal para untar • 3 bananas bem amassadas • 1/2 xícara (chá) de ovo • 2 xícaras (chá) de farinha de trigo • 1/3 de xícara (chá) de açúcar • 1 colher (chá) de sal (opcional) • 1 colher (chá) de bicarbonato de sódio

Modo de preparo:
Preaqueça o forno a 200ºC. Unte uma fôrma de pão com óleo vegetal. Misture as bananas e os ovos em uma tigela grande. Junte a farinha, o açúcar, o sal (opcional) e o bicarbonato de sódio. Bata bem e coloque a massa na fôrma. Asse por 1 hora ou até que o palito saia seco ao espetar a massa no centro. Retire da fôrma e coloque sobre uma grade. Sirva morno ou frio.

Burundi
Burundi
Membro da ONU desde 18 de setembro de 1962

Nimuhore/Paix

Kouloura (Rosquinhas Assadas)

Ingredientes:
10 g de fermento biológico seco • 1/2 xícara (chá) de água morna • 3 xícaras (chá) de farinha de trigo • 1/2 xícara (chá) de leite morno (pode ser substituído por água morna) • 1 colher (chá) de sal • 2 colheres (chá) de açúcar • 2 colheres (sopa) de óleo vegetal • sementes de gergelim para decorar

Modo de preparo:
Dissolva o fermento na água. Misture com os demais ingredientes, exceto as sementes de gergelim, usando a quantidade de farinha necessária para formar uma massa maleável. Sove a massa até ficar lisa, forme uma bola e coloque-a em uma tigela untada com óleo. Cubra e deixe em lugar quente para crescer até que dobre de tamanho. Com o punho, abaixe a massa e, depois, sove-a sobre uma superfície polvilhada. Forme cordões grossos, corte-os em outros menores de aproximadamente 10cm, achatando-os ligeiramente nas pontas. Junte as pontas para formar pequenos anéis, e coloque-os em assadeira untada. Cubra e deixe crescer novamente. Preaqueça o forno a 190ºC. Pincele o pão com água e polvilhe com sementes de gergelim. Asse por cerca de 30 minutos até que doure.

Africa

Peace/Paix

Cameroon
Camarões
Membro da ONU desde 20 de setembro de 1960

Soetkoekis (Bolachas com Especiarias)

Ingredientes:
2 xícaras (chá) de farinha de trigo • 1/2 colher (chá) de fermento químico • 1/2 colher (chá) de creme tártaro • 1 colher (chá) de canela moída • 1/2 colher (chá) de gengibre moído • 1/2 colher (chá) de noz-moscada moída • 1/4 colher (chá) de cravo-da-índia moído • 1 xícara (chá) de açúcar mascavo • 150 g de amêndoas moídas • 1/4 xícara (chá) de manteiga gelada, cortada em pedaços pequenos • 2 ovos ligeiramente batidos • 1/4 xícara (chá) de vinho do Porto ou Sherry Brand • 1 clara ligeiramente batida

Modo de preparo:
Junte a farinha, o fermento, o creme de tártaro, a canela, o gengibre, a noz-moscada, o cravo-da-índia, o açúcar mascavo e as amêndoas em uma tigela grande. Acrescente a manteiga. Adicione os ovos e o vinho do Porto ou Sherry Brand; misture a massa vigorosamente até que ela possa ser moldada como uma bola. Preaqueça o forno a 200°C. Em uma superfície ligeiramente polvilhada, abra a massa com um rolo em forma de círculo com 2 cm de espessura. Com um cortador, corte a massa em círculos. Arrume os círculos sobre papel-vegetal untado com distância de 3 cm entre um e outro. Pincele suavemente com a clara. Asse por 15 minutos ou até que fiquem dourados. Retire do forno e leve para uma superfície fria para esfriarem completamente.

Paz

Cape Verde
Cabo Verde
Membro da ONU desde 16 de setembro de 1975

White Bread (Pão Branco)

Ingredientes:
2 1/2 colheres (chá) de fermento biológico seco • 1 1/3 colher (sopa) de açúcar • 1 1/3 xícara (chá) de água • 1/4 xícara (chá) de manteiga • 2 colheres (chá) de sal • 3 2/3 xícaras (chá) de farinha de trigo

Modo de preparo:
Dissolva o fermento com o açúcar na água. Misture os ingredientes restantes e sove. Deixe a massa crescer até que dobre de volume. Forme pães. Coloque em assadeiras untadas e enfarinhadas e leve ao forno preaquecido (200°C) por 30 minutos.

25

CHAD

Africa

Bagare-ngunda/ Paix

Central African Republic
República Centro-Africana
Membro da ONU desde 20 de setembro de 1960

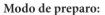

Joululimppa (Pão de Centeio)

Ingredientes:
2 xícaras (chá) de leitelho ou coalhada • 1/2 xícara (chá) de melaço • 1/4 de xícara (chá) de manteiga ou margarina • 2 colheres (chá) de sal • 1 colher (chá) de sementes de erva-doce • 1 colher (chá) de cariz • 2 colheres (chá) de fermento biológico seco • 1/2 xícara (chá) de água morna • casca de 1 laranja ralada • 1 xícara (chá) de centeio em flocos ou germe de trigo • 2 xícaras (chá) de farinha de centeio escura ou clara • 3 1/2 a 4 1/2 xícaras (chá) de farinha de trigo integral ou branca
Cobertura: 2 colheres (sopa) de água • 1 colher (sopa) de melaço

Modo de preparo:
Aqueça o leitelho, o melaço, a manteiga ou margarina, o sal, a erva-doce e o cariz até que a manteiga derreta. Reserve para esfriar. Dissolva o fermento na água morna. Deixe descansando por 5 minutos até que o fermento borbulhe. Acrescente o fermento à mistura de leitelho frio, junto com a casca de laranja ralada, o centeio em flocos ou o germe de trigo e a farinha de centeio. Bata até que a massa fique lisa. Acrescente aos poucos 3 1/2 xícaras (chá) de farinha de trigo até engrossar a massa. Coloque-a sobre uma superfície polvilhada. Cubra-a com um pano úmido e deixe descansar por 15 minutos. (O glúten no centeio é mais frágil do que no trigo; ele necessita de um tempo de descanso para se recompor e não requer um manuseio tão vigoroso ou prolongado.) Bata a massa suavemente por 5 a 10 minutos até que fique lisa. Molde-a em forma de bola e coloque em uma tigela ou vasilha grande untada com manteiga, virando para untar todos os lados com manteiga. Cubra e deixe crescer, num local quente, até que a massa dobre de tamanho, por cerca de 1 hora. Leve a massa para uma bancada e sove por mais 1 minuto. Coloque em uma fôrma para pão ligeiramente untada com manteiga ou coberta com papel-manteiga. Cubra e deixe crescer até que quase dobre de tamanho, por 45 minutos a 1 hora. Preaqueça o forno a 200°C.
Cobertura: Junte a água e o melaço, pincele os topos com metade desta mistura para dar uma aparência vítrea. Então espete suavemente todo o pão com um garfo. Asse por 35 a 45 minutos. Enquanto o pão estiver quente, pincele-o com a calda que restou. Retire os pães das fôrmas e deixe esfriar.

Salam/Paix

Chad
Chade
Membro da ONU desde 20 de setembro de 1960

Crêpe de Petit Oignon (Panquecas de Cebolinha)

Ingredientes:
450 g de farinha de trigo • 1/4 colher (chá) de fermento biológico seco • 1/2 colher (chá) de açúcar • 200 ml de água • 2 colheres (chá) de sal grosso • 5 cebolinhas verdes bem picadas • 5 colheres (sopa) de óleo vegetal

Modo de preparo:
Coloque a farinha em uma tigela grande. Acrescente o fermento e o açúcar e misture. Adicione a água gradualmente, batendo sempre com uma colher de pau. Sove a massa por 3 a 4 minutos. Cubra com um pano úmido e deixe crescer por 1 hora e 30 minutos; então sove novamente a massa por 2 a 3 minutos. Divida a massa em dez porções e forme tiras finas, de 25 cm de comprimento. Achate as tiras com um rolo de massa de modo que fiquem com a espessura de panquecas. Salpique cada tira com o sal e depois com a cebolinha verde. Enrole as tiras para que fiquem cilíndricas, em formato de espaguete com espessura dupla. Segure uma extremidade da tira e gire a outra ao redor, em círculos, até que se forme uma espiral. Achate os anéis com a palma da mão para formar uma panqueca em espiral. Repita o procedimento com as outras tiras. Aqueça o óleo em uma frigideira grande, de fundo plano. Quando estiver quente, levante o cabo da frigideira para que a superfície da frigideira fique untada por igual. Coloque as panquecas em espiral na frigideira. Frite em fogo baixo por 2 a 3 minutos e vire as panquecas. Repita e frite ligeiramente, até que as panquecas estejam douradas em ambos lados.

27

William A Allard - NGS - Getty Images - 2000

> Há algo tão necessário como o pão de cada dia: a paz de cada dia, a paz sem a qual o pão é amargo.
>
> Amado Nervo, escritor e diplomata mexicano

Africa

Comoros
Comores
Membro da ONU desde 12 de novembro de 1975

Salam/Paix

Morning Musli Bread (Pão de Musli)

Ingredientes:
2 xícaras (chá) de cereal de musli (com nozes e frutas) • 1 1/2 xícara (chá) de farinha de trigo • 2 colheres (chá) de fermento químico • 1/2 colher (chá) de sal • 1 xícara (chá) de açúcar • 1/3 xícara (chá) de óleo • 3/4 xícara (chá) de leite • 2 ovos grandes • 1/2 colher (chá) de essência de amêndoas.

Modo de preparo:
Unte uma fôrma grande para pão ou várias formas pequenas. Triture o cereal no liquidificador e reserve 1/3 para a cobertura. Misture o cereal com a farinha, o fermento e o sal em uma tigela grande. Em uma tigela pequena, misture o açúcar, o óleo, o leite, os ovos e a essência de amêndoas. Adicione esta mistura à de farinha. Despeje nas fôrmas e espalhe o cereal reservado por cima. Asse em forno preaquecido a 180ºC por 50 a 60 minutos. Deixe esfriar por 10 minutos e retire da fôrma.

Koyéba/Paix

Congo (Republic of the)
Congo

Membro da ONU desde 20 de setembro de 1960

Dabo (Pão Religioso Especial)

Ingredientes:
1 colher (chá) de fermento biológico seco • 2 colheres (sopa) de fermento químico • 1 1/2 xícara (chá) de água morna • 2 gemas de ovos • 1 colher (chá) de sal • 1 colher (sopa) de açúcar • 1 colher (sopa) de óleo de milho • 4 xícaras (chá) de farinha de trigo

Modo de preparo:
Em uma tigela, dissolva os fermentos na água. Misture com as gemas, o sal, o açúcar e o óleo. Acrescente a farinha e prepare uma massa lisa, trabalhando-a por 5 minutos. Deixe a massa crescer em uma tigela coberta em temperatura ambiente, por cerca de 6 horas. Vire a massa sobre uma fôrma untada. Cubra a fôrma com papel manteiga e deixe a massa crescer por 1 hora. Na mesma fôrma asse a massa ainda coberta por, pelo menos, 25 a 30 minutos. Vire a massa e deixe cozinhar o outro lado por mais 5 minutos. Sirva na temperatura ambiente.

Africa

Côte d'Ivoire
Costa do Marfim
Membro da ONU desde 20 de setembro de 1960

Paix

Benne Cakes (Bolinhos Benne)

Ingredientes:
1 xícara (chá) de açúcar mascavo • 1/4 de xícara (chá) de manteiga ou margarina amolecidas • 1 ovo ligeiramente batido • 1/2 colher (chá) de essência de baunilha • 1 colher (chá) de suco de limão • 1/2 xícara (chá) de farinha de trigo • 1/2 colher (chá) de fermento químico • 1/4 de colher (chá) de sal • 1 xícara (chá) de sementes de gergelim torradas

Modo de preparo:
Junte o açúcar mascavo com a manteiga em uma tigela e bata até ficar cremoso. Acrescente o ovo, a essência de baunilha e o suco do limão. Acrescente a farinha, o fermento, o sal e as sementes de gergelim. Mexa até que fique bem homogêneo. Com uma colher de chá, coloque porções da mistura sobre folhas de papel-manteiga untadas, com cerca de 4 cm de distância umas das outras. Asse a 200ºC por 15 minutos ou até dourer as bordas. Melhor quando servido morno, logo depois de assado.

Democratic Republic of the Congo
República Democrática do Congo
Membro da ONU desde 20 de setembro de 1960

Koyéba/Paix

Coconut Biscuits (Biscoitos de Coco)

Ingredientes:
2 xícaras (chá) de farinha de trigo • 2 colheres (sopa) de açúcar • 1 colher (sopa) de fermento químico • 1 colher (chá) de sal • 1/2 xícara (chá) de manteiga ou margarina • 1 xícara (chá) de leite • 1 xícara (chá) de coco em flocos adoçado e tostado

Modo de preparo:
Aqueça o forno a 220ºC. Misture a farinha, o açúcar, o fermento químico e o sal em uma tigela grande. Corte a manteiga e misture até que a massa pareça uma farofa. Misture o leite e o coco em flocos até que forme uma massa macia. Numa assadeira coberta com papel-manteiga não untado, distribua porções de massa equivalentes a 1/4 de xícara de chá. Asse por 10 a 12 minutos ou até que dourem. Sirva-os quentes.

CONGO

Africa

Djibouti
Djibuti
Membro da ONU desde 20 de setembro de 1977

Paix/Salam

Sweet Plantain Gingerbread
(Pão doce de Gengibre)

Ingredientes:
1/2 xícara (chá) de açúcar • 1 colher (chá) de baunilha • 1/2 xícara (chá) de água • 2 xícaras (chá) de banana-da-terra fatiada • 2 1/3 xícaras (chá) de farinha de trigo • 1/2 colher (chá) de sal • 1 1/2 colher (chá) de fermento químico • 1 colher (chá) de gengibre • 1 colher (chá) de canela em pó • 1/4 colher (chá) de cravo-da-índia • 1/4 colher (chá) de noz-moscada • 1/3 xícara (chá) de manteiga • 1 xícara (chá) de melaço • 1 xícara (chá) de coalhada fresca ou 2/3 xícara (chá) de água morna

Modo de preparo:
Faça uma calda com o açúcar, a baunilha e a água. Cozinhe ligeiramente a banana-da-terra nessa calda. Escorra. Fatie as bananas em rodelas finas e espalhe-as bem sobre o fundo de uma fôrma de pão bem untada. Misture todos os ingredientes secos e as especiarias. Reserve.

Coloque a manteiga e o melaço em uma panela e aqueça até o ponto de ebulição. Acrescente a coalhada ou a água morna e os ingredientes secos, alternadamente. Bata bem. Quando formar uma massa lisa, despeje sobre as bananas na fôrma. Asse em forno a 200ºC, por 50 a 55 minutos. Deixe descansar por 5 minutos. Solte com uma espátula. Desenforme sobre um prato. Se preferir, sirva com chantili.

Egypt
Egito
Membro da ONU desde 24 de outubro de 1945

Salam

Kamut Pharaoh's Herb and Potato Bread (Pão de Kamut dos Faraós)

Kamut é um cereal semelhante ao trigo, comum no Egito e atualmente cultivado na América do Norte.

Ingredientes:
1/2 xícara (chá) de iogurte • 3 colheres (sopa) de purê de batata • 1 colher (sopa) de leite em pó • 1/2 xícara (chá) + 2 colheres (sopa) de água morna • 1 colher (sopa) de manteiga • 15 g de fermento biológico fresco • 1 1/2 xícara (chá) de farinha de trigo peneirada • 3/4 xícara (chá) de farinha de kamut, (a farinha dos faraós) • 2 colheres (sopa) de açúcar • 1 colher (chá) de sal • 1 colher (sopa) de endro • 1 colher (sopa) de semente de alcaravia • 2 colheres (sopa) de salsinha picada • 1/2 colher (chá) de semente de endro para enfeitar

Modo de preparo:
Em uma tigela misture o iogurte e o purê de batatas, o leite em pó, a água e acrescente a manteiga, o fermento, formando um mingau. Deixe descansar por 30 minutos. Em uma tigela grande coloque as farinhas peneiradas

e misturadas, o açúcar e o sal, e acrescente o mingau, e, por último, o endro, as sementes de alcaravia e a salsinha. Mexa até incorporar bem os ingredientes. Passe a massa para uma superfície polvilhada e sove até conseguir uma massa consistente e macia. Deixe descansar por mais 30 minutos. Forme um pão redondo e achate o topo; polvilhe sobre ele as sementes de endro. Leve ao forno preaquecido e asse em temperatura alta (200ºC) por 15 minutos; depois, passe para temperatura média até dourar.

Africa

Paz/Paix

Equatorial Guinea
Guiné Equatorial
Membro da ONU desde 12 de novembro de 1968

Cornflakes Bread (Pão de Flocos de Milho)

Ingredientes:
2 colheres (chá) de fermento biológico seco • 1/4 xícara (chá) de água morna • 1 xícara (chá) de flocos de milho • 3 xícaras (chá) de farinha de trigo • 1 2/3 xícara (chá) de molho picante suave • pimentas cortadas (opcional)

Modo de preparo:
Dissolva o fermento na água morna. Misture aos flocos de milho e bata bem. Adicione 2 xícaras (chá) de farinha. Gradualmente, adicione mais farinha, 1/4 de xícara (chá) por vez, até que a massa se desprenda dos lados da tigela, fique macia e não grude. Sove a massa até ficar lisa e elástica, por cerca de 5 minutos. Ponha-a em uma tigela untada, cubra com um filme plástico e coloque em lugar quente até que tenha dobrado de volume, cerca de 1 hora e 30 minutos. Abaixe a massa, modele o pão e coloque-o na fôrma previamente untada. Cubra

com um filme plástico e coloque novamente em local quente por cerca de 45 minutos ou até que a massa tenha crescido. Preaqueça o forno a 220ºC. Asse por 35 a 40 minutos. Retire da fôrma e deixe esfriar. Sirva com molho picante. Adicione pimentas cortadas, se desejar.

Peace/Salam/Səlam

Eritrea
Eritréia
Membro da ONU desde 28 de maio de 1993

Yellow Corn Bread (Pão de Milho)

Ingredientes:
3/4 xícara (chá) de farinha de milho • 3/4 xícara (chá) de farinha de trigo • 2 colheres (sopa) de açúcar • 1 colher (sopa) de fermento químico • 1/2 colher (chá) de sal • 3/4 xícara (chá) de leite • 3 colheres (sopa) de manteiga derretida • 1 ovo

Modo de preparo:
Preaqueça o forno a 220ºC. Unte uma assadeira. Coloque os ingredientes secos em uma tigela grande. Acrescente o leite, a manteiga e o ovo. Bata até ficar uma massa lisa. Despeje a massa na assadeira. Asse em forno por cerca de 20 minutos; a crosta deve ficar ligeiramente dourada e, ao perfurar a massa com um palito, ele deve sair seco.

ETHIOPIA

Africa

Səlam/Peace

Ethiopia
Etiópia
Membro da ONU desde 13 de novembro de 1945

Ambasha (Pão da Etiópia)

Ingredientes:
Massa: 1 colher (sopa) de fermento biológico seco • 1/4 de xícara (chá) de água morna • 2 colheres (sopa) de coentro moído • 1 pitada de canela em pó • 1/2 colher (chá) de pimenta-branca • 1 colher (chá) de cardamomo moído • 1 colher (chá) de feno-grego moído • 2 colheres (chá) de sal • 1/3 xícara (chá) de óleo vegetal • 1 e 1/4 de xícara (chá) de água morna • 5 xícaras (chá) de farinha de trigo
Cobertura: 1 colher (sopa) de pimenta-caiena • 2 colheres (sopa) de óleo vegetal • 1/4 de colher (chá) de gengibre moído • 1 pitada de cravo-da-índia moído

Modo de preparo:
Massa: Dissolva o fermento em 1/4 de água morna e reserve por 10 minutos. Adicione o coentro, a canela, a pimenta-branca, o cardamomo, o feno-grego, o sal, o óleo, a água morna, e mexa bem. Acrescente a farinha para formar a massa. Em uma tábua polvilhada, sove a massa por 10 minutos ou até que fique lisa. (Esta receita faz uma massa mais pegajosa que o habitual.) Reserve 2/5 da massa e faça uma bola. Com as mãos polvilhadas, abra a massa em uma panela de pizza, sem untar. Usando uma faca afiada, faça um desenho semelhante aos raios de uma roda de bicicleta. Coloque a bola de massa reservada no centro da massa marcada. Cubra e deixe crescer por 1 hora. Asse a 180°C durante 1 hora ou até que fique dourada.
Cobertura: Junte os ingredientes da cobertura em uma tigela pequena. Com a mistura, pincele o pão, ainda quente.

Paix

Gabon
Gabão
Membro da ONU desde 20 de setembro de 1960

Pineapple Nut Bread (Pão de Abacaxi e Nozes)

Ingredientes:
2 1/2 xícaras (chá) de farinha de trigo • 1 xícara (chá) de farelo de trigo • 1 colher (sopa) de fermento químico • 1 colher (chá) de bicarbonato de sódio • 1 colher (chá) de sal • 1/2 xícara (chá) de amendoins ou nozes, torrados e cortados • água, se necessário • 2 ovos batidos até ficarem leves • 3/4 xícara (chá) de abacaxi picado e drenado

Modo de preparo:
Em uma tigela junte os ingredientes secos e o amendoim. Misture os ovos batidos ao abacaxi e acrescente aos ingredientes secos. Mexa cuidadosamente; se precisar, acrescente água. Asse em assadeira de pão untada, por 1 hora na temperatura de 200°C. Enfie um palito na massa para testar; quando o palito sair seco, o pão está pronto.

As mulheres do Gabão são excelentes cozinheiras. O pão de abacaxi e nozes é um dos favoritos. Este pão fica melhor se fatiado no dia seguinte. Corte-o em fatias finas e sirva com cream cheese ou requeijão.

A paz é a melhor de todas as coisas que foram dadas ao homem conhecer.

Sílio Itálico

Africa

Gambia
Gâmbia
Membro da ONU desde 21 de setembro de 1965

Peace

Potatoes Dumpling (Bolinhos de Batata)

Ingredientes:
5 a 6 batatas médias, cozinhas e passadas pelo espremedor depois de frias • 5 colheres cheias (sopa) de farinha de trigo • 1 ovo batido • 1 1/2 colher (chá) de sal • 1/4 colher (chá) de noz-moscada • 2 fatias de pão branco, torrado • manteiga ou margarina derretida

Modo de preparo:
Em uma tigela, junte a farinha, o ovo, o sal e a noz-moscada. Acrescente as batatas e misture até obter uma massa firme, juntando mais farinha se necessário. Corte cada fatia do pão torrado em 24 quadradinhos; forme bolinhas com 2 colheres (sopa) da mistura de batata, colocando dentro de cada uma dois quadrados de pão torrado. Em uma panela grande, coloque água com sal para ferver; mergulhe as bolinhas; abaixe o fogo, tampe e deixe cozinhar por 15 a 20 minutos, ou até que não estejam moles no centro. Retire com uma escumadeira e coloque no prato em que vai ser servido.

Africa

Peace

Ghana
Gana
Membro da ONU desde 8 de março de 1957

Accra Banana Peanut Cake
(Pão de Amendoim e Banana)

Ingredientes:
4 1/4 xícaras (chá) de farinha de trigo • 4 colheres (chá) de fermento químico • 1 colher (chá) de sal • 1/2 colher (sopa) de bicarbonato de sódio • 5 xícaras (chá) de manteiga ou margarina • 2 xícaras (chá) de açúcar • 4 ovos ligeiramente batidos • 8 bananas amassadas • 1/2 xícara de amendoins, grosseiramente picados • açúcar e canela para polvilhar

Modo de preparo:
Em uma tigela misture as farinhas, o fermento o sal e o bicarbonato. Reserve. Em outra tigela, misture a manteiga e o açúcar, e vá adicionando alternadamente os outros ingredientes. Misture o conteúdo das duas tigelas. Mexa bem. Asse em fôrma untada, em forno preaquecido a 200ºC. Teste a massa com um palito. Se o palito sair seco, o bolo está pronto. Sirva polvilhado com açúcar e canela.

Paix

Guinea
Guiné
Membro da ONU desde 12 de dezembro de 1958

Sesame Seeds Cookies
(Cookies de Sementes de Gergelim)

Ingredientes:
3/4 xícara (chá) de gordura vegetal ou margarina • 1 xícara (chá) de açúcar • 2 ovos • 1 colher (chá) de essência de baunilha ou 1/2 colher (chá) de essência de limão • 2 1/2 xícaras (chá) de farinha de trigo • 1 colher (chá) de fermento químico • 1 colher (chá) de sal • 1 xícara (chá) de sementes de gergelim

Modo de preparo:
Faça um creme com a gordura ou a margarina, o açúcar, os ovos e a essência de baunilha ou de limão. Acrescente a farinha, o fermento, o sal e as sementes de gergelim. Bata bem a massa até que esteja tudo incorporado. Cubra e deixe descansar por pelos menos 1 hora. Preaqueça o forno a 200ºC. Abra a massa em uma superfície

ligeiramente polvilhada, cubra a superfície com um pano. Corte no formato desejado. Coloque em fôrma antiaderente. Asse por 8 a 10 minutos ou até que fiquem dourados.

Africa

Guinea-Bissau
Guiné Bissau
Membro da ONU desde 17 de setembro de 1974

Paz

Pão de Damasco e Banana

Ingredientes:
1/3 xícara (chá) de manteiga ou margarina amolecida • 2/3 xícara (chá) de açúcar • 2 ovos • 1 xícara (chá) de bananas maduras, de tamanho médio, amassadas • 1/4 xícara (chá) de nata de leite • 1 1/4 xícara (chá) de farinha de trigo • 1 colher (chá) de fermento químico • 1/2 colher (chá) de bicarbonato de sódio • 1/2 colher (chá) de sal • 1 xícara (chá) de cereal seco (não é floco) • 3/4 xícara (chá) de damascos secos, em metades, picados • 1/2 xícara (chá) de nozes picadas

Modo de preparo:
Em uma tigela misture a manteiga amolecida e o açúcar. Acrescente os ovos. Misture bem. Junte as bananas e a nata do leite. Adicione a farinha, o fermento, o bicarbonato e o sal. Bata bem, para obter uma mistura cremosa. Vá juntando o farelo, os damascos picados e as nozes. Despeje em uma fôrma de pão untada. Asse a 180°C, por

55 a 60 minutos ou até que o pão esteja assado. Deixe esfriar por 10 minutos antes de retirar da fôrma.

Kenya
Quênia
Membro da ONU desde 16 de dezembro de 1963

Sérë/Thayu

Kenyan Samosa (Samosa Queniana com Carne)

Ingredientes:
Massa: 200 g de farinha de trigo • água, o quanto baste
Recheio: 150 g de carne moída • 3 cebolas cortadas • 1 maço de coentro • 1/2 colher (chá) de temperos misturados • 1/4 colher (chá) de pimenta-branca • 4 pimentas-verdes • 1/2 colher (chá) de sementes de cominho • 2 dentes de alho • 1 gengibre fresco • óleo para fritar e pincelar • fatias de limão • sal a gosto • margarina a gosto

Modo de preparo:
Misture todos os temperos, exceto a cebola.
Recheio: Frite a carne moída com a cebola e todos os temperos em um pouco óleo. Divida em pequenas porções, adicione um pouco de margarina.
Massa: Misture um pouco de farinha com água até formar uma massa maleável. Abra a massa até ficar bem fina e faça círculos de 15 cm aproximadamente. Aqueça uma frigideira, frite

os círculos, vire a massa e frite o outro lado. Coloque o recheio no centro e dobre a massa sobre o recheio.

Africa

Khotso/Peace

Lesotho
Lesoto
Membro da ONU desde 17 de outubro de 1966

Carrot and Coconut Bread
(Pão de Cenoura e Coco)

Ingredientes:
3 ovos • 1/2 xícara (chá) de óleo • 1/2 xícara (chá) de leite • 1/2 colher (chá) de sal • 1 colher (chá) de bicarbonato de sódio • 1 colher (chá) de fermento químico • 1 colher (chá) de canela em pó • 1 xícara (chá) de açúcar • 2 1/2 xícaras (chá) de farinha de trigo • 2 xícaras (chá) de cenouras raladas • 1 1/3 xícara (chá) de coco ralado • 1/2 xícara (chá) de uvas-passas • 1/2 xícara (chá) de nozes picadas

Modo de preparo:
Misture bem todos os ingredientes. Despeje em uma fôrma de pão untada. Asse a 200ºC por cerca de 1 hora.

Africa

Liberia
Libéria
Membro da ONU desde 2 de novembro de 1945

Peace

Liberian Rice Bread (Pão de Arroz)

Este pão de arroz é a receita típica usada pela dona de casa liberiana. Não é muito doce, pode ser usado como um bolo ou como um pão, e fica úmido durante uma semana.

Ingredientes:
2 xícaras (chá) de creme de arroz (cereal) • 3 xícaras (chá) de bananas amassadas • 1/2 xícara (chá) de óleo vegetal • 4 colheres (sopa) de açúcar • 1/2 colher (chá) de noz-moscada • 1 colher (chá) de sal • 1 xícara (chá) de água • 1 colher (chá) de bicarbonato de sódio

Modo de preparo:
Em uma tigela media, coloque todos os ingredientes e misture bem. Asse em uma fôrma untada, retangular ou redonda, de mais ou menos 30 cm, a 200°C por 30 minutos. Teste com um palito; se sair seco ao ser espetado na massa, o pão estará pronto.

Africa

Salam

Libyan Arab Jamahiriya
Líbia
Membro da ONU desde 14 de dezembro de 1955

Almaghrooth (Pão Recheado)

Ingredientes:
Massa: 2 xícaras (chá) de óleo • 4 xícaras (chá) de smadnia mole • 1 xícara (chá) de farinha de trigo • 1 colher (sopa) de fermento químico
Recheio: 2 colheres (sopa) de óleo • 5 a 7 tâmaras • hrarat, a gosto • raspas de casca de laranja • 1 kg mel • 1 xícara (chá) de zahr • gergelim para salpicar

Modo de preparo:
Misture o óleo, a smadnia, a farinha e o fermento e deixe descansar por 15 minutos. Reserve. Coloque um pouco de óleo em uma panela, leve ao fogo, e acrescente as tâmaras; aqueça por 5 minutos; acrescente o hrarat e as cascas de laranja; desligue o fogo. Abra a massa, espalhe o recheio por cima e então enrole-a num cilindro. Coloque o cilindro recheado em uma fôrma de pão grande e leve ao forno a 200ºC por cerca de 1 hora, até dourar. Retire do forno e salpique um pouco de gergelim e zahr.

Smadnia, zahr e hrarat são produtos e temperos utilizados na culinária da Líbia; não existem similares na culinária brasileira, mas podem ser encontrados em lojas de produtos árabes.

Fandriampahalamana/ Paix

Madagascar
Madagascar
Membro da ONU desde 20 de setembro de 1960

Waimaka's Malasadas (Pão Sovado Frito)

Ingredientes:
30 g de fermento biológico seco • 2 colheres (sopa) de açúcar • 1/2 xícara (chá) de água • 4 xícaras (chá) de leite quente • 1/2 xícara (chá) de manteiga derretida • 1 colher (chá) de sal • 1 colher (chá) de essência limão • 1 colher (chá) de essência de baunilha • 1 xícara (chá) de açúcar • 9 ovos grandes • 15 a 20 xícaras (chá) de farinha de trigo • óleo para fritar

Modo de preparo:
Misture todos os ingredientes em uma tigela grande e deixe descansar por 15 minutos. O fermento deve borbulhar; caso contrário a massa ficará muito dura. Misture bem ingredientes restantes, exceto a farinha. Acrescente-os à mistura do fermento e mexa suavemente até formar uma massa homogênea. Acrescente, aos poucos, a farinha à mistura líquida, em velocidade média em batedeira ou com uma colher de pau até desprender dos lados da tigela. Sove a massa sobre uma superfície polvilhada por 8 a 10 minutos. Quando a massa não grudar mais nas mãos, transfira-a para uma tigela grande untada e deixe crescer em local aquecido por 1 hora. Quinze minutos antes de fritar, aqueça 1/4 de óleo em panela chinesa a 180ºC. Derrame quantidades grandes, como uma bola de golfe, de massa no óleo quente. O segredo é moldar um furo em cada bola para facilitar o cozimento. Cozinhe por 3 a 4 minutos de cada lado. Deixe esfriar por 2 minutos para esfriar; polvilhe com açúcar. Pode ser servido quente ou frio.

Africa

Malawi
Malauí
Membro da ONU desde 1º de dezembro de 1964

Mtendere/Peace

Malawi Bread (Pão Malawi)

Ingredientes:
3 ovos • 3/4 xícara (chá) de açúcar • 5 colheres (sopa) de óleo • raspas de casca de limão e de laranja • 1 1/4 xícara (chá) de farinha de trigo • 1/2 xícara (chá) de nozes picadas • 1/4 xícara (chá) de coco ralado

Modo de preparo:
Bata os ovos com o açúcar e junte o óleo, o coco e as raspas de limão e laranja. Acrescente a farinha e as nozes picadas. Deixe descansar por 10 minutos no refrigerador. Divida a massa em quatro partes e enrole em formato de cordas finas. Asse em forno a 200ºC por 20 minutos. Corte enquanto estiver quente.

Mali
Mali
Membro da ONU desde 28 de setembro de 1960

Hakïlï/Paix

Coconut Bread (Pão de Coco)

Ingredientes:
4 xícaras (chá) de farinha de trigo • 1 xícara (chá) de açúcar • 1 xícara (chá) de leite ou nata • 1/2 colher de sal • 2 colheres (sopa) de margarina derretida • 1 colher (sopa) de fermento químico • 1 xícara (chá) de coco ralado • 3 ovos batidos

Modo de preparo:
Misture todos os ingredientes, deixando por último os ovos batidos, como para pão-de-ló. Misturar delicadamente e assar em forno quente até que fique dourado.

MALAWI

O caminho para a paz é o caminho para o amor. O amor é o maior poder sobre a Terra. Ele conquista todas as coisas.
Indira Gandhi

MAURITIUS

Africa

Salam

Mauritania
Mauritânia
Membro da ONU desde 27 de outubro de 1961

Rye and Walnut Bread
(Pão de Centeio e Nozes)

Ingredientes:
2 colheres (sopa) de fermento biológico seco • 1 xícara (chá) de água morna • 2 1/4 xícaras (chá) de farinha de trigo integral • 1 xícara (chá) de leite • 1 1/4 xícara (chá) de farinha de centeio • 1/2 xícara (chá) de óleo de nozes • 2 colheres (chá) rasas de sal, ou 1 colher (sobremesa) de sal • 2 xícaras (chá) de farinha de trigo • 2/3 xícara (chá) de flocos de milho com nozes moídas

Modo de preparo:
Em uma tigela grande dissolva o fermento em água morna até que forme uma espuma. Junte aos poucos a farinha de trigo integral, alternando com o leite, a farinha de centeio, o óleo de nozes e o sal. Adicione farinha branca suficiente para que a massa fique firme para mexer. Passe a massa para uma superfície polvilhada e deixe descansar. Unte uma tigela com um pouco de óleo de nozes e reserve. Sove a massa por 8 a 10 minutos ou até que fique lisa, acrescentando a farinha aos poucos se a massa estiver pegajosa. Forme uma bola e transfira-a para a tigela untada, virando-a para untar também a parte de cima. Deixe crescer, coberta com um filme plástico, por cerca de 1 hora ou até que dobre de tamanho. Abaixe a massa, coloque-a sobre a superfície polvilhada e amasse um pouco mais, acrescentando as nozes picadas. Divida a massa em três pedaços e modele cada pedaço como um pão redondo (ou em rolinhos). Coloque os pães bem distantes uns dos outros sobre uma assadeira polvilhada com os flocos de milho. Deixe os pães crescerem, descobertos, por 40 minutos ou até que tenham quase dobrado de tamanho. Logo antes de assar, faça três talhos na parte de cima de cada pão (um talho para os rolinhos) com uma faca bem afiada. Pincele o pão com água e deixe assar por 5 minutos em forno preaquecido a 250ºC. Pincele novamente com água e asse por mais 30 minutos (10 minutos para os rolinhos). Retire da fôrma e deixe esfriar.

Peace/Paix

Mauritius (Islands)
Ilhas Maurício
Membro da ONU desde 24 de abril de 1968

Fruit Bread (Pão de Frutas)

Ingredientes:
450 g de ameixas pretas • 450 g de figos • 450 g de tâmaras • 1/4 xícara (chá) de uvas-passas • 1/4 xícara (chá) de groselhas secas • 1 colher (sopa) de cidra cristalizada picada • 1 colher (sopa) de casca de limão cristalizada picada • 1 colher (sopa) de casca de laranja cristalizada picada • 1/4 xícara (chá) de amêndoas brancas picadas • 35 g de fermento biológico fresco • 4 1/2 xícaras (chá) de farinha de trigo • 1/4 colher (chá) de cravo-da-índia • 1/4 colher (chá) de canela em pó • 1/4 colher (chá) de sal • amêndoas para salpicar • açúcar de confeiteiro (opcional)

Modo de preparo:
Mergulhe as ameixas e os figos por 1 hora em água suficiente para cobri-los. Acrescente as tâmaras e cozinhe em fogo baixo na mesma água por 20 minutos. Retire as frutas, corte e misture com as outras frutas e as amêndoas. Ferva o líquido restante até que reduzi-lo a 3/4 de xícara de chá. Deixe esfriar até que fique morno; acrescente o fermento e bata bem. Acrescente 2 xícaras de farinha, batendo bem. Deixe crescer até obter uma massa clara e esponjosa. Acrescente as especiarias, a mistura de frutas, o sal e o restante da farinha e faça uma massa firme. Sove a massa até que fique lisa. Deixe crescer até que dobre de tamanho. Faça pães ovais, pincele com leite levemente adoçado e salpique com pedaços de amêndoas. Deixe crescer e asse em forno a 200ºC por 45 minutos. Se desejar, depois de frio, polvilhe com açúcar de confeiteiro.

Africa

Morocco
Marrocos
Membro da ONU desde 12 de novembro de 1956

Salam

Mutton and Charmoula Loaf of Bread
(Pão com Charmoula e Carneiro Temperado)

Ingredientes:
Carneiro: 250 g de perna de carneiro sem osso, cortada em tiras • 2 colheres (sopa) de salsa fresca picada • 1 colher (chá) de cominho moído • 1/2 colher (chá) de coentro moído • sal e pimenta-do-reino a gosto
Massa: 4 colheres (chá) de fermento biológico seco • 1 xícara (chá) de água morna • 1/4 de xícara (chá) de azeite de oliva • 1 1/2 colher (chá) de sal • 1 1/2 xícara (chá) farinha de trigo • 1 1/2 xícara (chá) de farinha de centeio • 2 colheres (sopa) de azeite de oliva para untar
Charmoula: 2/3 xícara (chá) de fatias finas de pimentão vermelho • 2/3 xícara (chá) de fatias finas de cebola vermelha • 2/3 de xícara (chá) de coentro fresco picado • 1/4 de xícara (chá) de água • 2 colheres (sopa) de azeite de oliva • 2 colheres (sopa) de páprica • 1 colher (sopa) de alho picado • 1 colher (sopa) de massa de tomate • 1 1/2 colher (chá) de cominho moído • 1/4 de colher (chá) de pimenta-vermelha seca amassada • sal e pimenta-do-reino a gosto

Modo de preparo:
Carneiro: Em uma tigela misture todos os ingredientes. Tempere com sal e pimenta-do-reino. Deixe a mistura descansar por não menos que 2 horas e não mais que 1 dia. Depois que massa estiver crescida, aqueça um pouco de azeite em uma frigideira em fogo médio. Despeje a mistura do carneiro e refogue por cerca de 3 minutos, até cozinhar. Transfira para um prato.
Massa: Em uma tigela grande coloque o fermento e dissolva com a água morna. Deixe descansar até que a mistura espume por cerca de 10 minutos. Misture o azeite e o sal. Combine ambas as farinhas em uma tigela média. Pegue 1/2 xícara desta mistura, despeje no fermento e mexa para formar uma massa ligeiramente pegajosa. Despeje em uma superfície polvilhada, junte com o restante das farinhas e sove por cerca de 10 minutos até que fique macia e elástica. Em uma tigela grande, passe óleo em toda a volta, unte toda a massa e cubra com um plástico. Deixe em temperatura ambiente até que dobre de volume, por aproximadamente 1 hora.
Charmoula: Misture todos os ingredientes em uma tigela média. Tempere com sal e pimenta-do-reino e reserve.
Finalização: Sove a massa, divida em quatro partes iguais, cubra e deixe descansar por 10 minutos. Preaqueça o forno a 230ºC, abra com um rolo cada parte da massa em uma superfície polvilhada. Cubra cada uma com 1/4 de charmoula e 1/4 de carneiro, apertando para aderir à massa. Unte duas folhas grandes de papel-manteiga e com uma espátula transfira os pães para as folhas. Asse os pães até que fiquem cozidos e dourados, por cerca de 30 minutos. Sirva morno.

Africa

Paz

Mozambique
Moçambique
Membro da ONU desde 16 de setembro de 1975

Pão Doce

Ingredientes:
20 g de fermento biológico seco • 1/2 xícara (chá) de água quente de batata • 3 colheres (sopa) de açúcar • 1 xícara (chá) de purê de batatas • 1/8 de colher (chá) de gengibre • 1/2 xícara (chá) de leite • 2 colheres (chá) de sal • 6 ovos • 1 3/4 xícara (chá) de açúcar • 1/2 xícara (chá) de manteiga ou margarina derretida • 8 a 10 xícaras (chá) de farinha de trigo

Modo de preparo:
Cozinhe batatas para fazer o purê. Dissolva o fermento na água da batata. Misture com 3 colheres (sopa) de açúcar, o purê de batatas e o gengibre. Cubra e deixe crescer até que a massa espume. Ferva o leite, acrescente o sal e deixe esfriar até que fique morno. Na tigela pequena da batedeira elétrica, bata os ovos, gradualmente, com 1 3/4 xícara de açúcar. Adicione à mistura do fermento. Acrescente a manteiga e mexa bem. Acrescente 2 xícaras de farinha de trigo e o leite. Adicione mais 2 xícaras de farinha, bata por 5 minutos. Junte farinha de trigo suficiente para fazer uma massa firme. Coloque sobre uma superfície ligeiramente polvilhada e sove a massa com a farinha de trigo restante, por cerca de 8 a 10 minutos, até obter uma massa lisa e maleável. Forme uma bola. Unte uma tigela e então passe a bola de massa de modo que ela fique toda untada. Cubra e deixe crescer até que dobre de tamanho. Sobre uma superfície polvilhada, divida a massa em quatro. Com cada pedaço forme um pão, coloque em assadeira previamente untada. Cubra e deixe crescer até que dobre de tamanho. Preaqueça o forno elétrico a 200ºC. Asse-os por 45 minutos ou até que estejam dourados.

Peace

Namibia
Namíbia
Membro da ONU desde 23 de abril de 1990

Maandazi (Pão Frito)

Ingredientes:
4 xícaras (chá) de farinha de trigo • 1/2 xícara (chá) de açúcar • 1/2 colher (chá) de bicarbonato de sódio • 1 colher (sopa) de fermento biológico seco • 1 1/2 xícaras (chá) de água • 4 colheres (sopa) de óleo vegetal

Modo de preparo:
Junte os ingredientes secos em uma tigela. Despeje água e óleo no centro da mistura de farinha. Mexa cuidadosamente. Sove a massa por 15 a 20 minutos. Divida em seis bolas grandes. Abra cada bola em círculos. Corte cada círculo em quatro triângulos. Frite em óleo quente até que fiquem dourados. Sirva ainda quente, pois assim são mais saborosos.

Africa

Niger
Níger
Membro da ONU desde 20 de setembro de 1960

Paix/Salam

Niger Baked Rice Flour Loaf
(Pão de Farinha de Arroz)

Ingredientes:
3 bananas-são-tomé, bananas-da-terra ou bananas-figo grandes, bem maduras • 2 colheres (chá) de pimenta vermelha • 1 xícara (chá) de farinha de arroz • 1 colher (sopa) de fermento químico • sal a gosto • 1/3 xícara (chá) de óleo de milho • 2 colheres (chá) de açafrão em pó • amendoins salgados • sal a gosto

Modo de preparo:
Descasque as bananas, corte em pedaços e triture-as no liquidificador para formar uma pasta grossa. Acrescente 30 ml a 60 ml de água para que a mistura fique lisa. Adicione a pimenta, a farinha de arroz, o fermento, sal a gosto e misture. Aqueça o óleo de milho em uma frigideira e adicione o açafrão. Mexa bem, tire do fogo e misture na pasta de banana, que deve estar grossa, mas macia o suficiente para despejar na fôrma. Caso esteja fina, acrescente um pouco de farinha de arroz, ou, se estiver muito grossa,

coloque uma pequena quantidade de água. Unte uma fôrma de pão e despeje a massa. Asse no forno de 150ºC a 180ºC por 1 hora ou até que esteja assada e firme. Retire do forno e deixe esfriar de 5 a 10 minutos antes de desenformar. Corte em fatias e sirva com amendoins salgados.

Nigeria
Nigéria
Membro da ONU desde 7 de outubro de 1960

Peace/Alaafia/Udo

Abadoo Banana Bread
(Pão Abadoo de Banana)

Ingredientes:
1 3/4 xícara (chá) de farinha de trigo • 2 colheres (chá) de fermento químico • 1/4 colher (chá) de bicarbonato de sódio • 3/4 colher (chá) de sal •1/3 xícara (chá) de manteiga • 2/3 xícara (chá) de açúcar • 1 xícara (chá) de banana • 3 ovos

Modo de preparo:
Junte a farinha, o fermento, o bicarbonato e o sal e reserve. Em uma tigela grande acrescente a manteiga, o açúcar, a banana e mexa bem. Acrescente a mistura de farinha à de banana, 1/2 xícara por vez, até que a massa esteja bem batida. Bata os ovos em uma tigela separada e coloque na mistura. Mexa bem. Asse em forno a 200ºC por 50 minutos em uma fôrma de pão untada.

Africa

Peace/Paix/ Nimuhore

Rwanda
Ruanda
Membro da ONU desde 18 de setembro de 1962

Melkert (Bolo de milho)

Ingredientes:
Massa: 140 g de manteiga • 2 xícaras (de chá) de farinha de trigo • 2 colheres (chá) de fermento químico • 1 pitada de sal • 2 gemas • leite
Recheio: 2 colheres (sopa) de amido de milho • 2 1/2 xícaras (chá) de leite • 1 xícara (chá) de açúcar • 70 g de manteiga • 3 claras em neve • canela e açúcar para polvilhar

Modo de preparo:
Massa: Esfregue a manteiga na farinha com o fermento e o sal. Acrescente as gemas e leite o suficiente para fazer uma massa firme. Forre, com uma camada fina da massa, uma ou duas fôrmas de bolo.
Recheio: Dissolva o amido de milho em metade do leite e ferva o restante com o açúcar. Despeje o leite adoçado na mistura de amido de milho e cozinhe por 3 minutos, mexendo sempre. Junte com a manteiga. Deixe esfriar ligeiramente e acrescente as claras batidas em neve. Despeje a mistura dentro das fôrmas, polvilhe com açúcar e canela e asse em forno quente a 200ºC por cerca de 10 minutos.

Paz

Sao Tome and Principe
São Tomé e Príncipe
Membro da ONU desde 16 de setembro de 1975

Biscoitos Picantes

Ingredientes:
1 xícara (chá) de farinha de trigo • 1 colher (chá) de fermento químico • 1/8 colher (chá) de bicarbonato de sódio • 1/4 colher (chá) de sal • 2 colheres (sopa) de manteiga sem sal fria, cortada em pedaços pequenos • 1 colher (chá) de pimenta vermelha pequena • 1/4 xícara (chá) + 1 colher (chá) de creme de leite

Modo de preparo:
Preaqueça o forno a 200ºC. Forre uma assadeira com papel-vegetal ou papel-manteiga. Em uma tigela coloque os ingredientes secos, misture a manteiga com um garfo ou com os dedos até que a mistura se assemelhe a uma farofa. Adicione a pimenta a gosto. Acrescente o creme de leite, aos poucos, até formar uma bola lisa. Não sove demais a massa. Em uma superfície polvilhada, estire a massa. Usando um cortador de biscoitos, faça doze círculos. Utilize as sobras dos cortes para fazer mais biscoitos, mas estes já não sairão tão macios. Coloque os círculos em uma assadeira e asse por 15 minutos, até que dourem. Sirva quente.

Africa

Senegal
Senegal

Membro da ONU desde 28 de setembro de 1960

Jam/Paix

Flat Bread (Pão Chato)

Ingredientes:
1 xícara (chá) de farinha de trigo integral • 2/3 xícara (chá) de farinha de trigo • 2 colheres (sopa) de açúcar mascavo • 1/2 colher (chá) de sal • 1 colher (chá) de fermento químico • 1/2 colher (chá) de bicarbonato de sódio • 2 ovos batidos • 1/2 xícara (chá) de manteiga • 1 colher (sopa) de óleo para fritar

Modo de preparo:
Peneire juntos os ingredientes secos. À parte, misture os ingredientes úmidos e acrescente tudo de uma vez à mistura seca. Misture bem até que forme uma massa lisa. Coloque duas colheres (sopa) da mistura em uma frigideira untada (preferencialmente antiaderente). Coloque rapidamente a massa de maneira que a mistura cubra o fundo. Abaixe o fogo. Cozinhe por cerca de 1 minuto ou até que o fundo fique levemente dourado. Vire o outro lado e repita o procedimento. O mesmo processo se aplica ao restante da massa. Coloque sobre papel-toalha. Esta receita faz uma panqueca para o café da manhã, que pode ser acompanhada de manteiga e mel.

Seychelles
Seicheles

Membro da ONU desde 21 de setembro de 1976

Peace/Paix

Dabo Kolo (Pãezinhos Crocantes)

Ingredientes:
2 xícaras (chá) de farinha de trigo • 2 colheres (sopa) de temperos misturados • 1 colher (sopa) de açúcar • 1 colher (chá) de sal • 1/2 xícara (chá) de água • 4 colheres (sopa) de manteiga em temperatura ambiente, amolecida

Modo de preparo:
Preaqueça o forno a 180°C. Em uma tigela misture os ingredientes secos e acrescente a água aos poucos. Misture bem. Tire a mistura da tigela e sove por alguns minutos em uma superfície ligeiramente polvilhada, até obter uma massa grossa; junte a manteiga e sove por mais 5 minutos. Deixe a massa descansar em um lugar fresco por 10 minutos. Divida a massa em porções e forme rolos compridos, na grossura de um dedo. Corte esses rolos em pedaços pequenos (pode-se usar uma tesoura). Aqueça uma frigideira não aderente em fogo médio. Coloque os rolinhos em quantidade suficiente para cobrir o fundo da frigideira. Mexa sempre para que fiquem uniformemente dourados. Transfira-os para uma assadeira forrada com papel-manteiga e asse-os em forno quente por 20 a 30 minutos. Mexa a assadeira algumas vezes para evitar que grudem. Quando terminado, retire do forno e deixe esfriar. Um modo mais tradicional de fazer dabo kolo é misturando a farinha e a água morna para formar a massa e então cozinhá-la em uma frigideira ou chapa de assar, enquanto se mexe constantemente com uma colher de pau até que se formem bolas e fiquem dourados. Ainda quentes, são temperados com condimentos e untados com manteiga. Dabo kolo pode ser feito substituindo-se os temperos por pimenta e a manteiga, por óleo vegetal.

Nas Ilhas Seychelles, dabo significa pão e kolo é a palavra para cevada assada, que é comida como um lanche, como pipoca. Juntas, as palavras podem ser traduzidas como "pão de pipoca". Dabo kolo é um tipo de bolinho de massa ou bolacha crocante, picante, muito popular nas Ilhas Seychelles. É servido como lanche entre refeições, com bebidas, e vendido por ambulantes ou em pequenas lojas. Dabo kolo é preferido por viajantes porque se mantém por muito tempo. Normalmente é feito de farinha de trigo, mas pode ser feito de farinha de grão-de-bico, que deixa a massa esponjosa.

SEYCHELLES

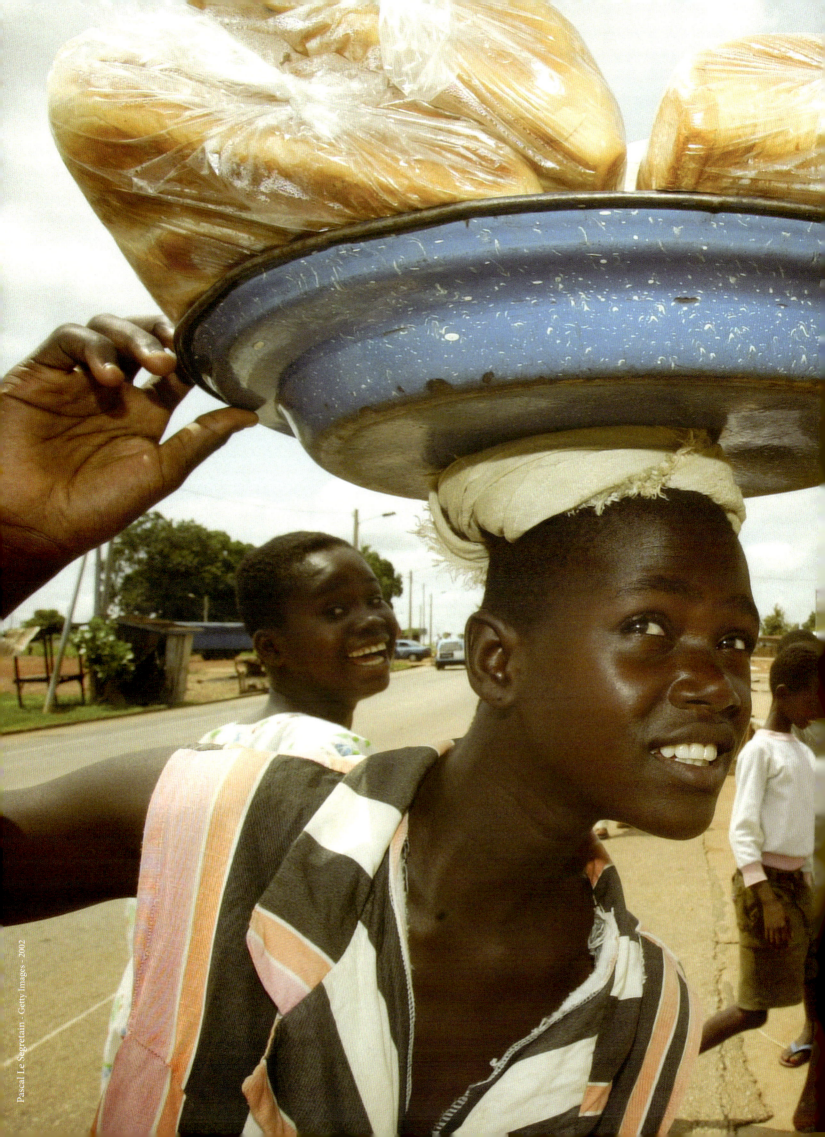

> Paz não é a ausência de guerra, é uma virtude, um estado de espírito, uma disposição para a benevolência, confiança e justiça.
>
> Spinoza

SOMALIA

Africa

Peace

Sierra Leone
Serra Leoa
Membro da ONU desde 27 de setembro de 1961

Spinach Pie Bread (Pão de Espinafre)

Ingredientes:
1 xícara (chá) de água fervente • 1 colher (sopa) de fermento biológico seco • 1 colher (sopa) de mel • 500 g de farinha de trigo • 1 a 2 fatias de cebola • 1 pacote de cogumelos frescos, fatiados • 2 dentes de alho macerados • 1 xícara (chá) de vinho branco • 1 maço de espinafre picado • 1 ovo para pincelar (opcional) • fubá para polvilhar

Modo de preparo:
Junte a água, o fermento e o mel numa tigela grande. Deixe fermentar. Junte farinha até a massa ficar consistente. Reserve para crescer. Refogue as cebolas, os cogumelos e o alho no vinho branco. Acrescente o espinafre e deixe reduzir. Abra metade da massa crescida sobre uma superfície polvilhada e espalhe a mistura de espinafre na massa. Cubra com o restante da massa. Pincele com o ovo batido antes de assar. Transfira para uma fôrma com papel-manteiga polvilhada com fubá e asse a 200°C até dourar.

Ammaan/Salam/ Peace

Somalia
Somália
Membro da ONU desde 20 de setembro de 1960

Rye Bread (Pão de Centeio)

Ingredientes:
1 1/2 xícara (chá) de cerveja, leitelho (leite azedo), leite ou água de batata • 2 colheres (sopa) de manteiga ou margarina • 1 colher (chá) de sal • 1 colher (sopa) de fermento biológico seco • 1/2 xícara (chá) de água morna • 1 colher (sopa) de açúcar • 2 xícaras (chá) de farinha escura de centeio ou farinha de centeio light, farinha ou flocos de centeio (farinha de centeio com farelo) • 3 1/2 a 4 xícaras (chá) de farinha de trigo branca

Modo de preparo:
Aqueça 1 1/2 xícara do líquido escolhido em temperatura ambiente. Coloque na manteiga e no sal. Reserve para esfriar. Dissolva o fermento em água morna com o açúcar. Deixe descansar por 5 minutos ou até que fermente. Junte a mistura de fermento ao líquido frio escolhido. Adicione a farinha de centeio e bata até que a massa fique lisa. Adicione a farinha branca, uma xícara por vez, mexendo bem após cada adição até que o suficiente seja acrescido para tornar a massa firme. Polvilhe uma superfície com farinha de trigo. Divida a massa em formato de bolas, coloque na superfície de trabalho, cubra-a com um tecido úmido e deixe descansar por 15 minutos. Coloque manteiga generosamente na tigela ou na vasilha. Acrescente somente a farinha necessária para impedir que a massa grude; trabalhe a massa de pão até que fique lisa, por cerca de 5 minutos. Forme a massa em uma bola lisa e coloque em uma tigela untada, virando para cobrir todos os lados com a manteiga. Cubra e deixe crescer num local quente, até que a massa dobre de tamanho, por cerca de 2 horas. Abra a massa, trabalhe-a delicadamente por 1 minuto e divida-a em duas partes. Faça com cada metade, uma forma redonda e coloque os pães em duas fôrmas para pão redondas, ligeiramente untadas, ou em uma grande, forrada com folhas de papel-manteiga untadas Faça um furo no centro de cada pão para dar um formato tradicional se desejar. Cubra e deixe crescer até que quase dobre de tamanho por cerca de 30 minutos. Preaqueça o forno a 180°C. Pincele os pães com água e marque delicadamente toda a superfície com os dentes de um garfo, no desenho que desejar. Asse por 30 minutos aproximadamente ou até que o pão esteja dourado.
O pão terá sabor mais ou menos azedo, dependendo do que for utilizado: cerveja, leitelho, água de batata ou leite, nessa ordem.

Africa

South Africa
África do Sul
Membro da ONU desde 7 de novembro de 1945

Melkert (Pão de milho)

Ukuthula/Uxolo

Ingredientes:
Massa: 150 g de farinha de trigo • 2 colheres (chá) de fermento químico • 1 pitada de sal • 25 g a 30 g de manteiga sem sal • 2 gemas • leite suficiente para dar liga
Recheio: 2 colheres (chá) de farinha de milho • 250 ml de leite • 200 g a 250 g de açúcar • 30 g a 40 g de manteiga sem sal • 3 claras • canela e açúcar para polvilhar

Modo de preparo:
Massa: Misture a farinha peneirada, o fermento, o sal e a manteiga. Adicione as gemas e o leite, até a massa ficar macia. Abra a massa e coloque 2/3 dela em fôrma redonda untada e reserve o restante.
Recheio: Dissolva a farinha de milho em um pouco de leite e ferva o restante do leite junto com o açúcar. Despeje o leite adoçado sobre a mistura de farinha de milho e cozinhe durante 3 minutos, mexendo sempre. Adicione a manteiga. Deixe esfriar. Bata as claras em neve e misture-a

ao recheio. Despeje o recheio sobre a massa na fôrma, cubra com a massa reservada e polvilhe com açúcar e canela. Asse em forno médio preaquecido (200ºC) por aproximadamente 20 minutos.

Sudan
Sudão
Membro da ONU desde 12 de novembro de 1956

Sudani Anise Bread (Pão de Erva-Doce)

Salam

Ingredientes:
1 colher (sopa) de fermento biológico seco • 2 xícaras (chá) de água morna • 1 colher (chá) de açúcar ou mel • 1 colher (sopa) de óleo vegetal • 2 1/2 colheres (chá) de sementes de erva-doce • 2 colheres (sobremesa) de sal ou 4 colheres (chá) de sal • 4 xícaras (chá) de farinha de trigo ou polvilho • 3 colheres (chá) de sementes de gergelim para polvilhar

Modo de preparo:
Dissolva o fermento em 1/4 de xícara de água morna. Acrescente o açúcar ou o mel e deixe descansar até que formem bolhas, por 5 a 10 minutos. Acrescente o restante da água, o óleo, a erva-doce, o sal e 2 xícaras de farinha. Incorpore gradualmente o restante da farinha na massa até obter uma mistura firme. Deixe descansar por cerca de 1 hora. Abra a massa em superfície polvilhada,

corte e modele em formato de pequenos pães. Polvilhe-os com sementes de gergelim. Asse em forno a 200ºC por 40 a 50 minutos.

Africa

Ukuthula/Peace

Swaziland
Suazilândia
Membro da ONU desde 24 de setembro de 1968

Garri Eba (Pão de Cereal de Milho)

Ingredientes:
2 1/2 xícaras (chá) de garri (cereal de milho) • 1 xícara (chá) de creme de milho • 1 colher (sopa) de açúcar • 2 colheres (sopa) de fermento químico • 1 ovo • 1/2 xícara (chá) de leite integral • 140 g de manteiga derretida

Modo de preparo:
Em uma tigela grande, coloque a farinha de garri, o creme de milho, o açúcar e o fermento químico. Adicione o ovo e o leite e mexa até juntar tudo. Preaqueça o forno a 200ºC. Unte uma assadeira e coloque a mistura. Cubra com a manteiga derretida. Asse por 20 minutos.

Paix/ŋekawœwō

Togo
Togo
Membro da ONU desde 20 de setembro de 1960

Fufu Bread (Pão Fufu)

Ingredientes:
1 xícara (chá) de água quente • 1/2 xícara (chá) de inhame fufu quente amassado • 1/3 xícara (chá) de açúcar • 1 pacote de fermento biológico seco • 1/3 xícara (chá) de óleo vegetal • 1/4 xícara (chá) de água quente • 2 colheres (chá) de sal • 5 a 5 1/2 xícaras (chá) de farinha • uvas passas ou nozes (opcional)

Modo de preparo:
Acrescente a água aos inhames amassados. Coloque o açúcar. Quando a mistura estiver morna, acrescente o fermento. Deixe a mistura descansar a noite toda em um recipiente coberto. No dia seguinte, coloque em uma tigela grande, acrescente o óleo vegetal, a água quente, o sal e a farinha. Sove bem. Deixe crescer, coberto, em local quente, até que dobre de tamanho, por cerca de 2 a 3 horas. Despeje a massa e sove-a algumas

vezes. Se desejar adicionar passas ou nozes, este é o momento para fazê-lo. Divida a massa em dois pães ou 24 rolinhos e coloque em assadeiras.

Africa

Tunisia
Tunísia

Membro da ONU desde 12 de novembro de 1956

Salam

Yo-yo Doughnuts (Bolinhos ioiôs)

Ingredientes:
Massa: 3 ovos • 1/4 xícara (chá) de óleo • 1/4 xícara (chá) de suco de laranja • 2 colheres (sopa) de coco fresco, cortado bem fininho • 1/4 xícara (chá) de açúcar • 2 1/2 xícaras (chá) de farinha de trigo • 1 1/2 colher (chá) de bicarbonato de sódio
Calda: 1 xícara (chá) de açúcar • 2 xícaras (chá) de água • suco de limão • 1 xícara (chá) de mel • 2 xícaras (chá) de óleo

Modo de preparo:
Massa: No liquidificador, coloque os ovos, o óleo, o suco de laranja, 1 colher (sopa) de coco e o açúcar; bata bem até que fique cremoso. Transfira para uma tigela e acrescente a farinha e o bicarbonato de sódio. Sove a massa até que fique macia, acrescentando um pouco de água, se necessário. Cubra a tigela e deixe descansar por pelo menos 1 hora.

Calda: Em uma panela coloque o açúcar, a água e o suco de limão; misture e leve ao fogo. Mexa constantemente e deixe ferver em fogo alto até dissolver o açúcar. Abaixe o fogo e acrescente o mel e a colher de coco restante. Deixe apurar por 10 minutos. Coloque em fogo brando para manter a calda aquecida.

Finalização: Coloque o óleo em uma panela pequena e aqueça até que esteja moderadamente quente. Molde a massa no formato de bolas do tamanho de nozes, achatando-as ligeiramente. Faça um furo no centro com o dedo indicador polvilhado com farinha. Frite em óleo quente, poucos por vez, por cerca de 4 minutos, virando-os com uma escumadeira até que dourem de ambos os lados. Coloque-os sobre papel toalha. Mergulhe os ioiôs na calda quente e sirva em seguida.

Uganda
Uganda

Membro da ONU desde 25 de outubro de 1962

Peace

Chapati (Pão crocante)

Ingredientes:
sal a gosto • 2 xícaras (chá) bem cheias de água • 2 kg de farinha de trigo

Modo de preparo:
Em uma tigela, coloque o sal na água, acrescente a farinha e misture. Sove a massa até que fique lisa. Abra a massa com um rolo, formando pães finos e grandes. Asse-os em chapa ou assadeira untada com óleo de girassol, em forno a 200ºC, até ligeiramente dourado.

64

UGANDA

Africa

United Republic of Tanzania
Tanzânia
Membro da ONU desde 14 de dezembro de 1961

Amani/Peace

Meat Samosas (Samosas em Pacotes)

Ingredientes:

Massa: 2 xícaras (chá) de farinha de trigo • água o quanto baste • óleo para pincelar
Recheio: 1/2 kg de carne moída (de boi ou cordeiro) • 1 dente de alho amassado • 1 colher (chá) de sal • 1 colher (chá) de folha de hortelã seca • 1/2 xícara (chá) de cebola em rodelas • 1/4 de colher (chá) de canela em pó • 1/4 de colher (chá) de gengibre ralado • 1/4 colher (chá) de cravo-da-índia moído • 1/4 de colher (chá) de pimenta-malagueta em pó • 4 colheres (sopa) de suco de limão • raspas de limão

Modo de preparo:

Massa: Em uma tigela média, misture a farinha peneirada com água até fazer uma massa consistente e lisa. Divida em quatro partes e abra cada uma em um círculo de 10 cm de diâmetro. Pincele cada círculo com o óleo e polvilhe uniformemente com a farinha. Abra suavemente com um rolo até que forme um círculo de mais ou menos 20 cm de diâmetro. Em frigideira anti-aderente, frite os círculos de massa dos dois lados sem dourar por aproximadamente 2 minutos de cada lado. Estará no ponto quando aparecerem algumas bolhas grandes e pequenas. Deixe esfriar ligeiramente e corte-os em três tiras uniformes, desprezando os pedaços restantes, ficando apenas com as doze tiras.
Recheio: Em uma panela média, coloque todos os ingredientes e cozinhe a mistura por 10 minutos, mexendo constantemente. Deixe esfriar.
Sobreponha duas tiras formando uma cruz, coloque o recheio no meio e feche formando pacotinhos. Feche as extremidades com uma pasta feita com uma colher (sopa) de farinha de trigo e uma colher (sopa) de água. Deixe esfriar por 1 hora. Frite-os em gordura quente a mais ou menos 180ºC até que fiquem dourados. Sirva ainda quente com raspas de limão.

Africa

Peace

Zambia
Zâmbia
Membro da ONU desde 1o de dezembro de 1964

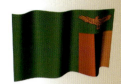

Green Mealie Bread (Pão de Milho)

Ingredientes:
2 xícaras (chá) de milho cru • 2 xícaras (chá) de farinha de trigo • 2 colheres (sopa) de açúcar • 1 colher (sopa) de sal • 4 colheres (sopa) de fermento químico • água fria

Modo de preparo:
Misture os ingredientes secos. Acrescente água suficiente para formar uma massa firme. Ponha a mistura em uma assadeira de pão untada e asse no vapor por cerca de 1 hora e 30 minutos.

Peace

Zimbabwe
Zimbábue
Membro da ONU desde 25 de agosto de 1980

Sweet Potato Biscuits (Pãezinhos de Batata-Doce)

Ingredientes:
4 xícaras (chá) de farinha de trigo • 3 colheres (chá) de fermento químico • 2 xícaras (chá) de batata-doce cozida e passada por espremedor • 2 colheres (sopa) de banha • 1 colher (chá) de sal • 1 xícara (chá) de leite • 2 colheres (sopa) de açúcar • açúcar cristal para polvilhar

Modo de preparo:
Peneire juntos a farinha e o fermento. À parte, misture cuidadosamente a batata-doce amassada e a banha. Junte o sal e acrescente o leite e o açúcar. Acrescente os líquidos aos ingredientes secos e misture até formar uma massa lisa e homogênea. Faça uma corda grossa e depois corte-a em pedaços menores. Torça-os fazendo pequenos pãezinhos, como os da foto. Polvilhe com açúcar granulado e asse em forno médio até dourar. Dica: Pode-se substituir as batatas doces por batatas brancas amassadas, se preferir.

A PAZ CONSTITUI UM BEM TAL QUE NÃO CABE DESEJAR O OURO MAIS PRECIOSO, NEM OUTRO BEM MAIS ÚTIL.

Santo Agostinho

AMERICA · UN COUNTRY MEMBERS

Central America
- Antigua and Barbuda
- Bahamas
- Barbados
- Belize
- Costa Rica
- Cuba
- Dominica
- Dominican Republic
- El Salvador
- Grenada
- Guatemala
- Haiti
- Honduras
- Jamaica
- Nicaragua
- Panama
- Saint Kitts and Nevis
- Saint Lucia
- Saint Vincent and the Grenadines
- Trinidad and Tobago

North America
- Canada
- Mexico
- United States of America

South America
- Argentina
- Bolivia
- Brazil
- Chile
- Colombia
- Ecuador
- Guyana
- Paraguay
- Peru
- Suriname
- Uruguay
- Venezuela

America
Do Eldorado à dieta da abundância

A partir do século XVI, através das descobertas e da colonização de novos horizontes pelos navegadores europeus, uma das mais extraordinárias revoluções estava a ponto de transformar a humanidade. Uma revolução alimentar! Vista desse prosaico e cotidiano prisma, não era possível dimensionar o determinismo do acontecimento que bem pode ser traduzido como a maior intervenção humana na história ambiental do planeta. Alguns desses intrépidos descobridores sonhavam com um paraíso de riquezas minerais – o Eldorado que buscavam além-mar. Porém, ao transportar pelo mundo mudas de gêneros comestíveis, os impérios colonialistas iriam realizar mudanças estruturais das mais permanentes, sendo estas seu legado mais consistente e precioso. O chamado intercâmbio colombiano (relativo a Colombo, iniciado com a busca às Índias e a descoberta do continente americano) mudaria radicalmente o mapa alimentar e econômico da humanidade.

Resumidamente isso significou que o milho e batatas (respectivamente terceiro e quarto lugares no consumo alimentar mundial de hoje), chocolate e tomate, entre outros, todas as espécies oriundas da América do Sul, iriam criar raízes em solo Europeu, com suas colônias no vasto Novo Mundo contribuindo ativamente para seus cardápios. E, em contrapartida, as vastas planícies da América do Norte, que até então não conheciam nada parecido com um grão de trigo, se tornariam, já no século XIX, o celeiro de trigo do mundo!

Nos países da América tropical, onde o milho não pôde ser introduzido com muito sucesso naqueles primeiros séculos de colonização, a exemplo do Brasil, outro tubérculo de origem americana, a mandioca, já dominava a agricultura das populações locais. A farinha de mandioca chegaria a substituir ou a completar as feições do que se poderia chamar de pão-tropical-de-cada-dia dos seus povos.

Assim é a história do pão no Brasil. Segundo o sociólogo e antropólogo Gilberto Freire, o Brasil conheceu o verdadeiro pão apenas no século XIX. No Brasil colonial, o que se usava era o biju de tapioca, como refeição matinal ou almoço; para o jantar, vinham a farofa de mandioca e o pirão escaldado – a massa de farinha de mandioca feita no caldo de peixe ou de carne. Informações de viajantes estrangeiros, em 1839, denotam o completo desconhecimento da existência do pão pelos habitantes do sertão nordestino.

No recôndito das casas e fazendas dos senhores, quando se conseguia um pouco de verdadeira farinha de trigo, vinda com as comitivas do Reino, a produção de pão chegou a obedecer a uma espécie de ritual místico e grandioso, em cerimônias que incluíam colocar cruzes nas massas, rezar salmos para crescer, afofar e dourar a crosta, e outras crendices.

Uma significativa atividade da panificação no Brasil só iria surgir com os imigrantes italianos. Os pioneiros da indústria de panificação registram-se em Minas Gerais que mais tarde iria transformar a atual receita autenticamente mineira do pão de queijo em uma iguaria de caráter nacional; receita que, note-se, adaptou um resquício das tradições indígenas, com o polvilho de farinha de mandioca. Nos grandes centros urbanos proliferaram as padarias típicas, como em São Paulo, onde existem receitas de pães oriundas de todas as paragens européias.

No Centro-oeste norte-americano, em suas extensas planícies, a revolução agrícola estava decisivamente assentada no cultivo do trigo. É pertinente lembrar que toda a grandeza da nova terra prometida da América do Norte se consolidou a partir das plantações de trigo, e que, com a explosão da era industrial, sua então emergente rede ferroviária, ligando distâncias e os portos para exportação dos cereais, deve ao entusiasmo daqueles colonos a transformação mais contundente realizada pelo homem em um ambiente natural.

Planícies do extremo sul da América meridional também estavam destinadas ao cultivo do grão dourado; e com o avanço da tecnologia agrícola, mesmo terrenos considerados tropicais e inadequados ao plantio do trigo passam a abastecer os mercados internos.

O pão, tal e qual a Europa da Antiguidade e da cristandade havia sonhado e eleito como o alimento básico e redentor da humanidade, desde então, teria o seu destino definitivamente traçado no Novo Mundo.

Hoje, além de abraçar os mais variados recheios naquilo que se convencionou chamar de "sanduíche" (criação atribuída a um conde inglês do mesmo nome), invenção esta que parece constituir mais da metade da alimentação ingerida diariamente pelo planeta todo – e que depende radicalmente do pão! –, este alimento advindo da farinha do trigo ocupa os mais variados espaços das Américas.

E ainda, via América, continua-se a difundir novas influências culturais, a exemplo do pão de fôrma ou do pão de hambúrguer: industrializados, mecânicos, repetitivos e cibernéticos, digeríveis, acessíveis e fofos, mas, acima de tudo, fundamentais e eminentemente práticos na feitura de qualquer sanduíche que se preze, sem o qual não haveria homem pós-moderno, em qualquer canto do mundo, que não teria sucumbido ou sido deixado para trás, diante da velocidade, urgência e demandas da vida atual. Mais uma vez, também será o pão o astro-rei do novo império alimentar do fast-food.

Peace

Antigua and Barbuda
Antígua e Barbuda
Membro da ONU desde 11 de novembro de 1981

Color Caribbean Bread
(Pão Caribenho Colorido)

Ingredientes:
15 g de fermento biológico fresco • 1 xícara (chá) de leite desnatado morno • 1 ovo • 2 claras • 1 colher (sopa) de azeite de oliva • 1 xícara (chá) de fubá • 1 xícara (chá) de farinha de trigo • 2 colheres (sopa) de queijo parmesão ralado • 1 colher (chá) de sal • 1 xícara (chá) de beterraba cozida e amassada • orégano e salsa

Modo de preparo:
Dissolva o fermento no leite. Junte ao restante dos ingredientes; misture bem. Coloque em uma fôrma de bolo inglês ou de pudim untada e polvilhada com fubá. Deixe crescer por aproximadamente 40 minutos. Asse em forno médio preaquecido por cerca de 30 minutos. Espere ficar morno para tirar da fôrma.

Peace

Bahamas
Bahamas
Membro da ONU desde 18 de setembro de 1973

Mango Macadamia Nut Bread
(Pão de Manga e Macadâmia)

Ingredientes:
1/3 xícara (chá) de aveia • 1/4 xícara (chá) de água fervente • 2 colheres (sopa) de fermento químico • 1 3/4 xícara (chá) de farinha de trigo • 1/4 colher (sopa) noz-moscada • 1/4 colher (sopa) gengibre • 1/2 colher (sopa) de sal • 2 colheres (sopa) de açúcar • 1 colher (sopa) de manteiga light • 1/2 xícara (chá) de purê de manga • 1/4 xícara (chá) de leite desnatado • 1/4 xícara (chá) de nozes de macadâmia ou amêndoas cortadas

Modo de preparo:
Misture a aveia com a água fervente. Deixe descansar 15 minutos, pelo menos. Junte todos os ingredientes restantes menos as nozes de macadâmia ou amêndoas. Sove a massa vigorosamente por 20 minutos. Ajuste a quantidade de leite ou farinha para a massa ficar macia e consistente. Por último, junte as nozes de macadâmia. Coloque em fôrma untada e asse em forno preaquecido (200ºC), até que fique dourado.

Central America

Barbados
Barbados
Membro da ONU desde 9 de dezembro de 1966

Peace

Petit Grains de La Barbade
(Pães-de-Minuto de Barbados)

Ingredientes:
2 xícaras (chá) de farinha de trigo • 2 colheres (chá) de fermento químico • 2 colheres (sopa) de açúcar • 1 pitada de sal • 2 colheres (chá) de manteiga derretida • 2 ovos batidos • 1/2 xícara (chá) de leite • água

Modo de preparo:
Misture todos os ingredientes secos e acrescente a manteiga, os ovos, o leite e água suficiente para obter uma massa macia e maleável. Sove e divida a massa em dez pedaços. Faça pequenas bolas e leve ao forno pré-aquecido a 200ºC, assando por 20 minutos ou até dourar.

Central America

Peace

Belize
Belize
Membro da ONU desde 25 de setembro de 1945

Pan de Cebolla (Pão de cebola)

Ingredientes:
50 g de fermento biológico seco • 5 xícaras (chá) de farinha de trigo • 3 colheres (sopa) de amido de milho • 1 xícara (chá) de leite morno • 1 1/2 xícara (chá) de água morna • 1 colher (chá) de açúcar • 2 colheres (chá) de sal • pimenta-do-reino e noz-moscada raladas a gosto • 100 g de manteiga • 1 cebola pequena cortada em pedaços • 1 cebola pequena em purê ou ralada • 1 ovo batido para pincelar • sementes de gergelim ou papoula (opcional)

Modo de preparo:
Coloque o fermento, a água, o leite, 2 colheres (sopa) de farinha, sal e açúcar em um recipiente; mexa e deixe descansar em local quente por 10 minutos. Em uma panela pequena, coloque a manteiga e as cebolas e cozinhe em fogo brando, mexendo sempre. Junte a pimenta-do-reino e a noz-moscada. Quando estiver bem refogado, deixe esfriar. Com a esponja que se formou no recipiente com o fermento, faça uma massa firme colocando o amido de milho e a farinha até que ela não grude nas mãos. Sove a massa por 5 minutos e junte o refogado de cebola, que deve estar morno (quente deixa a massa empelotada). Junte mais farinha e termine de sovar. Molde e coloque os pãezinhos em uma fôrma levemente untada, deixando espaço entre um pão e outro. Pincele-os com o ovo batido e, se quiser, polvilhe com sementes de gergelim ou papoula. Com uma faca afiada faça uma incisão na parte de cima para que se abram durante o cozimento. Deixe descansar no forno morno fechado por alguns minutos. Depois, preaqueça o forno e deixe assar até que fiquem dourados por fora e, ao espetar um palito, este saia seco.

Paz

Costa Rica
Costa Rica
Membro da ONU desde 2 de novembro de 1945

Enyucados (Bolinhos de Mandioca)

Ingredientes:
450 g de mandioca fresca ou congelada • 2 ovos • 1 colher (sopa) de manteiga sem sal • 2 colheres (sopa) de polvilho doce • 3 colheres (sopa) de farinha de trigo • sal e coentro a gosto • óleo vegetal para fritar

Modo de preparo:
Descasque a mandioca e ferva em água salgada. Depois de cozida, escorra. Faça um purê e adicione os ovos, a manteiga, o polvilho, a farinha, o coentro e o sal. Forme pequenos bolos e frite em óleo quente.

Central America

Cuba
Cuba

Membro da ONU desde 24 de outubro de 1945

Paz

Pan Cubano (Pão Cubano)

Ingredientes:
4 xícaras (chá) de farinha de trigo • 2 colheres (sopa) de farinha de soja, sem gordura • 1 colher (chá) de bicarbonato de sódio • 1 colher (chá) de fermento químico • 8 bananas cortadas em tiras • 2 colheres (sopa) de suco de limão • 2 colheres (sopa) de suco de maçã • 1/2 xícara (chá) de mel • 1 xícara (chá) de água • nozes e uvas passas (opcional) • castanhas a gosto

Modo de preparo:
Misture os ingredientes secos. Acrescente todos os ingredientes úmidos e mexa cuidadosamente. Forme um pão e coloque em uma forma redonda (+ou- 15cm) e asse a 200°C, por 30 a 40 minutos ou até que, ao espetar a massa com um palito, este saia seco.

Dominica
Dominica

Membro da ONU desde 18 de dezembro de 1978

Peace

Water Bread (Pão de Água)

Ingredientes:
50 g de fermento biológico fresco • 2 1/4 xícaras (chá) de água morna • 1 colher (sopa) de azeite • 5 xícaras (chá) de farinha de trigo • 1 colher (chá) de sal

Modo de preparo:
Dissolva o fermento na água morna, acrescente o azeite e reserve. Junte a farinha e o sal em uma tigela grande e incorpore à mistura reservada, para formar uma massa. Coloque-a em uma superfície lisa polvilhada e sove até que esteja lisa e elástica e não grude nos dedos. Coloque a massa em uma tigela polvilhada e cubra com um pano; deixe descansar e crescer até que tenha dobrado de tamanho. Sove novamente a massa sobre uma superfície polvilhada para retirar o ar, até que fique suave. Se preferir que cresça mais, coloque em local fechado durante 30 minutos. Divida a massa em número de partes e formatos que desejar. Coloque em assadeiras untadas com azeite. Asse em forno bem quente (240°C), de 30 a 35 minutos ou até que o pão fique com a crosta tostada. Retire do forno e deixe esfriar.

CUBA

Central America

Dominican Republic
República Dominicana

Membro da ONU desde 24 de outubro de 1945

Tropical Banana Bread
(Pão Tropical de Banana)

Paz

Ingredientes:
1 xícara (chá) de uvas-passas • 1/2 xícara (chá) de rum • 3 xícaras (chá) de farinha de trigo • 1 colher (chá) de sal • 1 colher (chá) de fermento químico • 1 colher (chá) de bicarbonato de sódio • 2 colheres (chá) de canela em pó • 1 colher (chá) de noz-moscada • 1/2 xícara (chá) de coco • 1/2 xícara (chá) de manteiga • 1 xícara (chá) de açúcar mascavo • 2 ovos • 1/3 xícara (chá) de iogurte ou creme de leite • 1 xícara (chá) de banana amassada • 2 colheres (sopa) de coco ralado para polvilhar

Modo de preparo:
Mergulhe as passas no rum por 1 hora. Junte a farinha, o sal, o fermento, o bicarbonato, a noz-moscada, a canela e o coco. Bata a manteiga e o açúcar até que formem um creme suave.

Acrescente os ovos e continue batendo. Junte o iogurte, as bananas e as passas. Acrescente a mistura de ingredientes secos e mexa bem. Despeje a massa em fôrma de pão untada. Acrescente coco ralado. Asse em forno a 180ºC por 45 minutos ou até que, ao espetar um palito, este saia seco.

El Salvador
El Salvador

Membro da ONU desde 24 de outubro de 1945

Layer Cake (Bolo em Camadas)

Paz

Este bolo/pão é popular em El Salvador. Pode-se variar esta receita, excluindo-se as raspas de laranja e substituindo o suco de laranja por leite e a geléia de laranja por outra, de sua preferência.

Ingredientes:
1 1/2 xícara (chá) de farinha de trigo • 1 colher (chá) de fermento químico • 1 xícara (chá) de manteiga sem sal • 1 1/4 de xícara (chá) de açúcar • 1 colher (sopa) de raspas de laranja • 1 colher (chá) de essência de baunilha • 6 ovos • 1/4 de xícara (chá) de suco de laranja • 1 xícara (chá) de geléia de laranja • água • 1/3 de xícara (chá) de açúcar de confeiteiro

Modo de preparo:
Aqueça o forno a 180ºC. Unte e polvilhe três fôrmas de bolo. Peneire a farinha de trigo junto com o fermento. Na batedeira, bata a manteiga e o açúcar em velocidade média-alta até que a massa fique cremosa (cerca de 3 minutos). Adicione as raspas de laranja e a baunilha e bata mais por 15 segundos. Diminua a velocidade para média, adicione um ovo de cada vez, deixando cada ovo incorporar antes de juntar o próximo. Diminua a velocidade para média-baixa. Adicione a farinha em três partes, alternando com o suco de laranja até que fique uma massa lisa. Divida a

massa nas fôrmas em três partes iguais. Asse por aproximadamente 25 minutos. Remova os bolos e deixe esfriar completamente. Misture a geléia com um pouco de água e mexa. Espalhe metade da geléia sobre um dos bolos; coloque o outro bolo por cima e espalhe a outra metade da geléia. Cubra com o último bolo. Peneire o açúcar de confeiteiro sobre o bolo e sirva.

Central America

Peace

Grenada
Granada
Membro da ONU desde 17 de setembro de 1974

Grenada Bread Pudding (Pudim de Pão)

Ingredientes:
3 ovos grandes • 1 xícara (chá) de xarope de noz-moscada • 1 1/2 colher (chá) de essência de baunilha • 1 1/4 de colher (chá) de noz-moscada ralada • 2 xícaras (chá) de leite • 1/2 xícara (chá) de uvas passas • 1/2 xícara (chá) de licor • 5 xícaras (chá) de pão cortado em cubos

Modo de preparo:
Misture todos os ingredientes, com exceção dos cubos de pão. Coloque os cubos de pão em uma assadeira untada. Despeje a mistura de ovos e passas sobre os cubos. Deixe descansar por 45 minutos, amassando o pão, ocasionalmente, dentro do líquido. Asse em forno preaquecido a 180°C, por 40 minutos. Sirva com creme.

Paz

Guatemala
Guatemala
Membro da ONU desde 21 de novembro de 1945

Banana Bread (Pão de Banana)

Ingredientes:
2 1/2 xícaras (chá) de farinha de trigo • 1/2 xícara (chá) de açúcar • 1/2 xícara (chá) de açúcar mascavo • 3 1/2 colheres (chá) de fermento químico • 1/3 colher (chá) de sal • 1/2 colher (chá) de canela moída • 1/2 colher (chá) de temperos moídos, a gosto • 2 xícaras (chá) de bananas grandes, amassadas • 1/4 xícara (chá) de leite • 3 colheres (sopa) de óleo vegetal • 1 ovo grande • 1 1/2 colher (chá) de raspas de lima • 1 colher (sopa) de suco fresco de lima

Modo de preparo:
Aqueça forno a 180°C. Unte uma fôrma para pão. Em uma travessa, misture todos os ingredientes; bata durante 30 segundos. Despeje na fôrma e leve ao forno preaquecido a 180°C, por cerca de 70 minutos. Espere esfriar e desenforme. Quando estiver completamente frio, pode ser fatiado.

Nota: Os temperos, raspas de lima e seu suco são ingredientes comuns nas sobremesas guatemaltecas.

83

Central America

Haiti
Haiti
Membro da ONU desde 24 de outubro de 1945

Lapè/Paix

Powder Bread (Biscoitos de Erva-Doce)

Ingredientes:
2 xícaras (chá) de água • 2 colheres (sopa) de erva-doce • 1 xícara (chá) de açúcar • 1 colher (sopa) de canela em pó •10 xícaras (chá) de farinha de trigo • 1 colher (chá) de sal • 1 colher (sopa) de fermento químico • 2 xícaras (chá) de açúcar • 2 xícaras (chá) de banha derretida

Modo de preparo:
Faça um chá, com 2 xícaras (chá) de água e 1 colher (sopa) de erva-doce. Deixe esfriar e reserve. Em um pilão, triture 1 colher (sopa) de erva-doce; reserve. Misture a canela e 1 xícara (chá) de açúcar para passar os biscoitos, e reserve. Em uma tigela grande, misture a farinha, o sal e o fermento, e reserve. Em outra tigela grande, misture 2 xícaras de açúcar, a banha, a erva-doce triturada e o chá de erva-doce, até diluir bem. Adicione a farinha misturada e reservada, colocando uma xícara por vez. A massa deverá ficar maleável. Deixe a massa descansar por várias horas ou durante a noite. Em uma superfície enfarinhada, abra a massa com aproximadamente 1 cm de espessura. Corte com seus moldes preferidos de biscoitos. Preaqueça o forno a 150ºC. Asse em papel-manteiga por cerca de 10 minutos ou até dourar. Remova do papel-manteiga e deixe os biscoitos esfriarem por 2 minutos. Passe os biscoitos na canela com açúcar. Nota: A banha é recomendada pelo sabor; não substitua por óleo.

Central America

Paz

Honduras
Honduras
Membro da ONU desde 17 de dezembro de 1945

Pan de Coco (Pão de coco)

Ingredientes:
1 1/2 coco ralado • 2 3/4 xícaras (chá) de água morna • 3 colheres (chá) de fermento biológico seco • 5 xícaras (chá) de farinha de trigo • 1 colher (chá) de margarina • 3 1/2 colheres (chá) de açúcar • 3 colheres (chá) de sal

Modo de preparo:
Adicione ao coco ralado aproximadamente 2 1/2 xícaras da água morna. Misture bem. Aperte e retire o leite. Dissolva 2 colheres de fermento em 1/4 de xícara de água morna; adicione 1 colher (chá) de açúcar e 1 colher (chá) de fermento, misturando bem, e deixe crescer. Adicione os ingredientes restantes e misture até obter uma massa lisa e acetinada. Se a massa ficar um pouco dura, acrescente um pouco do leite de coco. Ponha em uma travessa, cubra e deixe crescer até o dobro de seu tamanho, por cerca de 2 horas. Divida em porções e molde os pães. Coloque em assadeiras untadas para crescer novamente, até que dobre de tamanho. Asse a 180°C por 40 a 45 minutos.

Peace

Jamaica
Jamaica
Membro da ONU desde 18 de setembro de 1962

Caribbean Scones (Pãezinhos de Batata-Doce)

Ingredientes:
1 xícara (chá) de farinha de trigo • 2 colheres (chá) de fermento químico • 1/2 colher (chá) de sal • 1 colher (chá) de açúcar • 1 xícara (chá) de batata-doce cozida • 2 colheres (sopa) de manteiga, derretida e resfriada • mel e manteiga (opcional)

Modo de preparo:
Preaqueça o forno a 190°C. Unte uma folha de papel-manteiga e reserve. Coloque a farinha, o fermento e o sal em uma tigela de tamanho médio; junte o açúcar. Em uma tigela grande, misture cuidadosamente a batata e 1 colher de manteiga derretida, com um garfo. Adicione os ingredientes secos e misture para formar uma massa macia. Vire a massa sobre uma superfície polvilhada. Divida a massa e forme bolas de tamanho médio. Coloque-as sobre o papel-manteiga, deixando 5 cm de distância entre uma e outra; pincele com o restante da manteiga derretida. Asse por cerca de 20 minutos ou até que estejam ligeiramente dourados. Sirva quente com mel e manteiga, se desejar.

PANAMA

Central America

Paz

Nicaragua
Nicarágua
Membro da ONU desde 24 de outubro de 1945

Tres Leches (Bolo de três leites)

Ingredientes:
10 ovos • 1 xícara (chá) de leite • 2 xícaras (chá) de farinha de trigo • 1 e 1/2 colher (chá) de fermento químico • 3 e 1/2 xícaras (chá) de açúcar • 3 colheres (sopa) de baunilha • 4 gemas • 2 latas de leite condensado • 2 latas de leite em pó • 1 e 1/2 xícara (chá) de xarope de bordo • raspas de casca de 1 limão • suco de cereja

Modo de preparo:
Preaqueça o forno a 200°C e separe uma assadeira de 30 cm. Misture bem seis ovos, metade do leite, a farinha, o fermento, duas xícaras (chá) de açúcar e a baunilha. Coloque na assadeira e asse por 20 minutos. Reserve. Misture 4 gemas, o leite restante, o leite condensado e o leite em pó. Aqueça o xarope de bordo em uma panela. Bata os quatro ovos restantes até que cresçam e despeje o xarope de bordo, batendo sempre. Reserve para aplicar um "banho" dessa mistura de leite no bolo. Adicione as raspas do limão no suco de cereja. Bata essa mistura até que fique bem homogênea. Quando o bolo estiver assado, faça buracos nele todo para que a mistura de leites possa penetrar por completo. Cubra o bolo com a mistura e depois de encharcado leve ao forno para assar por mais 10 minutos. Deixe assar até que a superfície fique firme. Desenforme e sirva.

Paz

Panama
Panamá
Membro da ONU desde 13 de novembro de 1945

Hojaldres (Bolinhos fritos)

Ingredientes:
2 xícaras (chá) de farinha de trigo • 1 colher (sopa) de fermento biológico fresco • 1/2 colher (chá) de sal • 1 colher (chá) de açúcar • 1 colher (sopa) de óleo vegetal • 1 ovo (opcional) • 1 xícara (chá) de água • óleo para fritar

Modo de preparo:
Em uma tigela, misture a farinha, o fermento, o sal e o açúcar; faça um buraco no meio e adicione o óleo e, se desejar, o ovo. Coloque a água lentamente, enquanto mistura, até adquirir uma massa tenra. Deixe descansar por 2 horas. Pegue uma pequena porção da massa, faça uma bola e depois molde na forma desejada. Frite em óleo quente até que fique dourado.

Central America

Saint Kitts and Nevis
São Cristóvão e Névis

Membro da ONU desde 23 de setembro de 1983

Peace

Pumpkin Bread (Pão de Abóbora)

Ingredientes:
3 xícaras (chá) de farinha de trigo • 1 colher (chá) de bicarbonato de sódio • 1 colher (chá) de sal • 3 colheres (chá) de canela em pó • 2 xícaras (chá) de açúcar • 1/2 xícara (chá) de nozes picadas • 4 ovos batidos • 2 xícaras (chá) de abóbora cozida e passada por espremedor • 1 1/4 xícara (chá) de banha derretida ou óleo de soja

Modo de preparo:
Preaqueça o forno a 180ºC. Unte duas fôrmas redondas de pão. Misture a farinha, o bicarbonato, o sal, a canela e o açúcar em uma tigela grande. Acrescente as nozes e mexa bem. Faça um buraco no centro e ponha os ovos, a

abóbora e a banha de óleo. Mexa até obter uma massa úmida. Despeje-a nas fôrmas e asse por 45 a 50 minutos.

Saint Lucia
Santa Lúcia

Membro da ONU desde 18 de setembro de 1979

Peace

Lussekatter (Pãezinhos de Santa Lúcia)

O nome sueco Lussekatter significa "Os gatos de Lúcia", que vem da crença pagã de que a luz de Santa Lúcia espantava os maus espíritos que, disfarçados de gatos, vagavam pelas noites de inverno nas esquinas escuras. A forma de cruz desses pãezinhos se destinava, então, a espantar o demônio. A massa também pode ser modelada como uma rosca trançada para segurar velas e é usada como um centro de mesa no dia de Santa Lúcia.

Ingredientes:
2 colheres (chá) de semente de açafrão • 2/3 xícara (chá) de leite • 30 g de fermento biológico fresco • 1/2 xícara (chá) de açúcar • 1/2 xícara (chá) de água morna • 8 colheres (sopa) manteiga amolecida • 1 ovo • 1 colher (chá) de sal • 4 1/2 a 5 xícaras (chá) de farinha de trigo • óleo vegetal • manteiga derretida para pincelar • 1 ovo batido com 1 colher (sopa) de água para pincelar • 2 colheres (sopa) de açúcar para salpicar

Modo de preparo:
Coloque o açafrão em uma panela refratária, e torre-o em fogo médio-alto por alguns minutos, mexendo com uma colher de pau até que as sementes fiquem ligeiramente escuras. Ferva o leite em uma panela pequena, deixando que ele apenas suba; retire do fogo e acrescente as sementes de açafrão e deixe que esfrie até que fique morno. Dissolva o fermento e o açúcar na água morna. Em uma tigela grande, junte o leite, o fermento, a manteiga, o ovo, o sal e a farinha. Misture bem. Despeje a massa sobre uma superfície polvilhada e sove-a até obter uma massa lisa e elástica. Coloque-a em uma tigela untada, cubra e deixe crescer até que dobre

de tamanho por cerca de 1 hora. Divida em 24 partes. Para fazer os pãezinhos, modele cada pedaço como uma corda. Corte-a em pedaços menores e sobreponha-os formando um X. Coloque os pãezinhos em uma fôrma untada. Pincele com manteiga derretida e deixe que cresçam até que dobrem de tamanho. Pincele ligeiramente os pãezinhos com o ovo batido. Salpique os pãezinhos com açúcar e asse-os em forno preaquecido a 200ºC por 15 a 20 minutos. Retire-os do forno e deixe esfriar. Nota: O açafrão, quando torrado antes de ser mergulhado em leite quente, confere ao pão um sabor intenso e uma cor rica.

Central America

Peace

Saint Vincent and the Grenadines
São Vicente e Granadinas

Membro da Onu desde 16 de setembro de 1980

Black Cake (Bolo Preto Tradicional)

Ingredientes:
70 g de uvas-passas, picadas • 70 g de ameixas picadas • 70 g de groselhas secas, picadas • 70 g de cerejas cristalizadas, picadas • 40 g de casca de limão cristalizada, picada • 40 g de casca de laranja cristalizada, picada • 1 garrafa de vinho tinto • 1 garrafa de rum escuro (750 ml) • 150 g de açúcar mascavo • 1 xícara (chá) de água • 4 1/2 xícaras (chá) de farinha de trigo • 4 colheres (chá) de fermento químico • 1/2 colher (chá) de noz-moscada ralada • 1/2 colher (chá) de canela em pó • 2 xícaras (chá) de manteiga sem sal, amolecida • 10 ovos grandes • 1 colher (sopa) de baunilha • 1 1/2 xícara (chá) de pasta de amêndoa (opcional)
Glacê: 7 xícaras (chá) de açúcar de confeiteiro • 6 claras de ovos em temperatura ambiente • 2 colheres (sopa) de suco de limão espremido na hora

Modo de preparo:
Em uma tigela grande, junte as passas, as ameixas, as groselhas, as cerejas, as cascas cristalizadas, o vinho e o rum e deixe as frutas macerarem à temperatura ambiente, cobertas por pelo menos 2 semanas. Em uma panela junte o açúcar mascavo e uma xícara de água; deixe a mistura ferver em fogo médio, mexendo para dissolver o açúcar. Ferva a calda, abaixando o fogo por 3 a 4 minutos ou até reduzi-la a 1 3/4 de xícara. Deixe esfriar e reserve. Em uma tigela, coloque a farinha, o fermento, a noz-moscada e a canela. Na tigela grande de uma batedeira elétrica faça um creme com o restante do açúcar mascavo e a manteiga até que a mistura fique leve e fofa. Acrescente um ovo de cada vez, batendo bem. Bata a baunilha, a mistura de farinha e 1 1/3 de xícara da calda de açúcar, reservando o restante. Em outra tigela grande junte a mistura de farinha e a mistura de frutas e divida a massa entre 2 fôrmas de pão, untadas e polvilhadas. Asse os bolos em forno preaquecido a 200ºC por 1 hora e 50 minutos. (Os centros dos bolos estarão bem úmidos). Deixe-os esfriar nas fôrmas; então, desenforme e embrulhe-os em papel-manteiga. Deixe-os descansar à temperatura ambiente por 1 semana.
Glacê: Bata na batedeira elétrica 4 xícaras de açúcar de confeiteiro, as claras de ovos e o suco de limão por 4 a 6 minutos ou até que a mistura faça pontas macias. Sempre batendo, junte as 3 xícaras restantes de açúcar de confeiteiro até que o glacê forme pontas firmes. Coloque 2 xícaras do glacê em um saco de confeitar, espalhe o glacê restante em cima e nos lados dos bolos com uma espátula de metal longa. Decore o bolo.

Central America

Trinidad and Tobago
Trinidad e Tobago
Membro da ONU desde 18 de setembro de 1962

Roti Bread (Pão Roti)

Peace

Ingredientes:
1 xícara (chá) de farinha de trigo • 1 colher (chá) de bicarbonato de sódio • 1 pitada de sal • 1 a 4 colheres (sopa) de leite, dependendo da umidade • 1/4 xícara (chá) de óleo vegetal • amido de milho, miolo de pão ou farinha • curry vermelho em pó

Modo de preparo:
Em uma tigela grande, misture a farinha, o bicarbonato e o sal. Misture com as mãos. Adicione 1 colher (sopa) de leite e sove; acrescente mais leite até que forme uma massa consistente. Divida a massa em três bolas e deixe descansar por 10 minutos. Ponha o óleo em uma tigela, de maneira que possa molhar os dedos. Ponha a massa em uma tábua coberta com miolo de pão, amido de milho ou farinha. Com cada bola abra um círculo. Nessa fase a massa pode estar dura, sendo mais difícil trabalhá-la. Pincele uma camada leve de óleo em cima da superfície do círculo, junte a massa e forme uma nova bola. Faça isso com todas as três bolas e deixe descansar por 30 minutos. Unte novamente a massa. Esta agora deve estar mais fácil de trabalhar, mas poderá estar pegajosa, por isso polvilhe a superfície e o rolo de abrir massa. Esquente uma frigideira em calor médio sem óleo. Coloque um dos círculos de roti e cozinhe por 1 minuto. Vire e, quando a superfície esfriar um pouco, passe óleo. Quando aparecerem algumas manchas douradas, o pão estará pronto. Mantenha entre dois pratos ou debaixo de um pano para que fique macio e morno. Polvilhe o pão com o curry vermelho.

North America

Peace/Paix

Canada
Canadá
Membro da ONU desde 9 de novembro de 1945

Christmas Kuchen (Rosca Natalina)

Ingredientes:
15 g de fermento biológico fresco • 1/4 xícara (chá) de água morna • 1/4 xícara (chá) de leite morno • 1/2 xícara (chá) de manteiga ou margarina derretida • 2 colheres (sopa) de açúcar • 3/4 colher (chá) de cardamomo moído • 1/2 colher (chá) de sal • 2 1/2 a 3 xícaras (chá) de farinha de trigo • 2 ovos
Recheio: 150 g de amêndoas • 1/2 xícara (chá) de cerejas confeitadas cortadas
Glacê de amêndoas (opcional): 1 xícara (chá) de açúcar cristal • 1/4 de colher (chá) de essência de amêndoa • 3 a 4 colheres (chá) de leite

Modo de preparo:
Massa: Coloque o fermento em uma tigela grande e dissolva na água morna. Adicione o leite morno, a manteiga, o açúcar, o cardamomo, o sal e 1 xícara (chá) de farinha, misturando bem. Junte os ovos e o restante da farinha, sovando até que forme uma massa macia. Coloque em superfície ligeiramente polvilhada e sove até obter uma massa lisa e elástica, por 4 a 6 minutos. Coloque em uma tigela untada, virando a massa para untar toda a superfície. Cubra, deixe crescer em temperatura ambiente até dobrar de tamanho, por 1 hora. Sove a massa novamente em superfície polvilhada.
Montagem em forma de rosca trançada: Abra a massa com um rolo para formar um retângulo de aproximadamente 75 cm por 22 cm. Esparrame as amêndoas sobre a massa e empurre-as para dentro, a uns 4 cm das extremidades. Espalhe as cerejas. Faça um rolo começando pelas extremidades e feche, apertando a massa com pequenos beliscões. Com uma faca afiada, corte o rolo pela metade, longitudinalmente, deixando a face cortada para cima. Trance as duas partes mantendo os lados abertos para cima mostrando o recheio. Coloque a massa em uma folha de papel-manteiga e una as extremidades formando uma rosca. Cubra e deixe crescer em temperatura ambiente por 20 a 40 minutos ou até que dobre de tamanho. Asse durante 25 a 30 minutos em forno preaquecido (210ºC). Remova o papel-manteiga; deixe esfriar. Se desejar, enfeite a superfície com glacê de amêndoas.
Glacê de amêndoas: Em uma tigela pequena, misture o açúcar cristal, a essência de amêndoas, e o leite, e mexa até dissolver.
Opcional - montagem em forma de "8": Abra a massa em um retângulo de 20 cm por 40 cm. Recheie da mesma maneira acima descrita. Enrole a massa apertando as pontas com os dedos para fechá-la. Com uma faca afiada, corte pela metade, longitudinalmente, deixando os lados cortados para cima. Sobre papel-manteiga, forme um "S" com a massa e, com a outra metade, forme outro "S". Junte os dois "S" para formar a figura de um "8". Aperte as pontas para fechar a massa.

North America

Mexico
México

Membro da ONU desde 7 de novembro de 1945

Paz

Tortilla de Maíz (Tortilla de Milho)

Ingredientes:
1 1/2 xícaras (chá) de farinha de trigo; 1 1/2 xícaras (chá) de farinha de milho; 2 colheres (chá) fermento em pó; 3/4 colheres (chá) de sal; 1 xícara (chá) água morna

Modo de preparo:
Numa tigela grande, misture as farinhas. Acrescente o fermento e o sal e misture bem. Adicio na a água até obter uma farofa grossa. Sove a massa até uni-la totalmente. Em superfície polvilhada, sove a massa um pouco mais, até que fique suave. Divida a massa em 10 ou 12 porções. Forme uma bola com cada uma, cobra com filme plástico e deixe descansar por 10 a 15 minutos. Achate cada bola com a mão e deixa-as mais finas usando um rolo de amassar. Aqueça e unte uma frigideira a fogo médio. Coloque uma tortilla de cada vez e doure-a como se fosse uma panqueca. Repita o procedimento com as tortillas restantes.

United States of America
Estados Unidos da América

Membro da ONU desde 24 de outubro de 1945

Peace

Bagels (Rosquinhas)

Ingredientes:
8 xícaras (chá) de farinha de trigo • 1 colher (sopa) de sal • 1 colher (sopa) de açúcar • 60 g de fermento biológico fresco • 2 xícaras (chá) de água do cozimento de batatas, morna (água pura pode ser usada, mas não é recomendável) • 1/4 de xícara (chá) de óleo • 4 ovos ligeiramente batidos
Finalização: 2 colheres (sopa) de açúcar • 2 l de água fervente • sementes de papoula ou de gergelim (opcional)

Modo de preparo:
Massa: Misture todos os ingredientes secos. Dissolva o fermento em 1/3 da água de batatas. Adicione os ingredientes secos. Acrescente o óleo ao restante da água de batatas e junte à mistura da farinha. Acrescente os ovos e sove a massa para formar uma bola. Deixe descansar em uma superfície ligeiramente polvilhada por 10 minutos. A massa deve ficar firme; acrescente mais farinha caso seja necessário. Coloque de novo na tigela e alise a parte de cima. Cubra com uma toalha e deixe crescer em temperatura ambiente até que a massa dobre de volume. Sove novamente sobre uma superfície polvilhada até obter uma massa lisa e elástica. Corte pedaços da massa e enrole entre as palmas das mãos para formar cordas. Una as pontas, firmemente, para fazer um círculo.
Finalização: Acrescente o açúcar à água fervente. Coloque os bagels dentro da água, um por vez. À medida que eles vêm à superfície, vire-os. Ferva por 1 minuto quando virar o bagel. Coloque sobre uma folha de papel-manteiga untada e asse em forno a 200°C, até que a crosta fique dourada (10 a 15 minutos). Se desejar, polvilhe os bagels com sementes de papoula ou de gergelim antes de assá-los.

UNITED STATES OF AMERICA

ARGENTINA

Paz

Argentina
Argentina
Membro da ONU desde 24 de outubro de 1945

Pan de Miga (Pão de Fôrma)

Ingredientes:
3 xícaras (chá) de água • 1 colher (chá) de extrato de malte • 25g de margarina • 20g de sal • 20g de fermento biológico seco • 1kg de farinha de trigo

Modo de preparo:
Coloque em uma tigela a água em temperatura ambiente e o extrato de malte e dissolva bem. Junte a margarina derretida e o sal. Adicione o fermento à farinha e coloque aos poucos a preparação líquida até formar uma massa uniforme. Coloque em uma mesa e sove. Cubra e deixe descansar durante 30 munitos. Abra a massa até que fique fina. Enrole e pressione bem para que não crie gases e forme bolhas. Divida a massa em duas partes iguais para fazer os pães. Coloque metade em uma fôrma untada. Modele a massa dentro da fôrma para continuar retirando os gases e adquirir um formato típico de pão. Tampe e deixe descansar até que cresça e atinja a altura da borda. Asse em forno a 240ºC por 30 minutos. Desenforme quente. É importante deixar o pão descansar 24 horas antes de cortar.

Na Argentina, costuma-se fatiar o Pan de Miga bem fininho, tirar a casca, e fazer sanduíches.

Paz/Anka kay

Bolivia
Bolívia
Membro da ONU desde 14 de novembro de 1945

Cuñapes (Pão de Queijo com Mandioca)

Ingredientes:
1/2 kg de queijo fresco • 2 1/2 xícaras (chá) de farinha de mandioca ou tapioca • 1 colher (sopa) de açúcar • sal a gosto (se o queijo não for salgado) • 3 colheres (sopa) de leite

Modo de preparo:
Em uma tigela grande, misture o queijo, a farinha, o açúcar e o sal. Adicione o leite aos poucos até obter uma massa lisa, mas não seca. Retire a massa da tigela e despeje em uma superfície plana e polvilhada com a farinha. Misture até que a massa esteja lisa. Faça bolas pequenas. Com o dedo indicador, faça um buraco pequeno no centro de cada bola. Coloque os cuñapes para assar com o buraco virado para baixo. Asse em temperatura alta (230ºC) por 20 a 25 minutos, ou até que os cuñapes estejam dourados.

Que se ensine a paz desde a infância, programando o coração as opções que asseguram o respeito, a compreensão, a solidariedade, a justiça, a fraternidade, o perdão.

J. Dagorne

South America

Brazil
Brasil
Membro da ONU desde 24 de outubro de 1945

Pão de Queijo

Paz

Esta receita era da minha vó, que passou para minha mãe, que por sua vez, repassou para mim.

Ingredientes:
4 xícaras (chá) de polvilho azedo • 2 xícaras (chá) de queijo meia-cura ralado • 1 xícara (chá) de óleo ou gordura • 1 xícara (chá) de água quente • 1/2 xícara (chá) de fubá peneirado • 1 1/2 colher (sopa) de sal • 5 ovos

Modo de preparo:
Misture bem o polvilho para desmanchar bem os carocinhos. Escalde o polvilho com o óleo bem quente, misturando bem; escalde, em seguida, com a água bem quente contendo sal. Acrescente o fubá, o queijo e os ovos até incorporar na massa, que deve ficar mole. Unte as mãos com óleo, ou gordura, para enrolar as bolinhas. Se preferir, use uma boleadeira para sorvetes (pequena) para formar os pães. Coloque as bolinhas em assadeira untada e asse em forno quente (200ºC). Sirva quente.

Chile
Chile
Membro da ONU desde 24 de outubro de 1945

Pan Amasado (Pão Sovado)

Paz

Ingredientes:
2 colheres (chá) de fermento biológico seco • 3/4 de xícara (chá) de água morna • 1/4 de colher (chá) de açúcar • 1 1/2 colher (chá) de manteiga • 1/2 colher (chá) de sal • 2 1/2 xícaras (chá) de farinha de trigo • nozes para decorar

Modo de preparo:
Dissolva o fermento em 1/4 de xícara (chá) de água morna, junte o açúcar e deixe descansar em temperatura ambiente, por 20 minutos ou até que a solução fermente. Derreta a manteiga e prepare uma salmoura com a água morna restante e o sal. Em uma tigela, coloque a farinha e junte o fermento dissolvido, a manteiga e a salmoura. Misture tudo até que forme uma massa uniforme. Cubra com um pano e deixe descansar por 30 minutos. Coloque a massa em forma untada, decore com nozes e asse em forno forte.

BRAZIL

South America

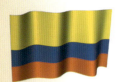

Colombia
Colômbia

Membro da ONU desde 5 de novembro de 1945

Paz

Buñuelos de Navidad (Bolinhos de Natal)

Ingredientes:
2/3 xícara (chá) de açúcar • raspas de 1 limão • 3 ovos bem batidos • 1 xícara (chá) de água • 3 xícaras (chá) de farinha de trigo • 1 kg de manteiga • açúcar e canela para polvilhar ou mel ou calda da preferência

Modo de preparo:
Na batedeira, misture o açúcar com as raspas do limão. Adicione os ovos, a água e a farinha em quantidade suficiente para fazer uma massa macia. Abra a massa sobre uma superfície polvilhada e corte com cortador no formato desejado. Frite na manteiga não muito quente. Quando estiverem dourados, retire e coloque em papel-toalha. Sirva-os polvilhados com açúcar e canela, ou com mel ou calda de sua preferência.

Ecuador
Equador

Membro da ONU desde 21 de dezembro de 1945

Paz/Anka kay

Pan de Damasco con Almendras
(Pão de Damasco com Amêndoas)

Ingredientes:
3/4 xícara (chá) de damascos secos • 1 xícara (chá) de água fervendo • 2 xícaras (chá) de farinha de trigo • 1 colher (sopa) de bicarbonato de sódio • 3/4 xícara (chá) de açúcar granulado • 1/2 xícara (chá) de amêndoas torradas, picadas • 2 ovos • 1 xícara (chá) de leite • 1/3 xícara (chá) de manteiga sem sal, derretida • 1/4 colher (chá) de essência de amêndoas • 1/2 colher (chá) de essência de baunilha

Modo de preparo:
Preaqueça o forno a 180ºC. Pique os damascos, coloque-os em uma tigela e cubra com a água fervente. Deixe descansar por 10 minutos. Peneire juntos a farinha, o bicarbonato de sódio e o açúcar. Mexa tudo muito bem. Acrescente as amêndoas. Em uma tigela, junte os ovos, o leite, a manteiga derretida e as essências. Despeje os ingredientes úmidos sobre os ingredientes secos, mexa bem e bata. Escorra os damascos e seque-os com papel-toalha. Misture-os à massa e bata tudo na batedeira. Despeje a mistura em uma assadeira untada e asse por 1 hora. Deixe que o bolo descanse na assadeira por 10 minutos antes de virar sobre uma grade para esfriar.

Peace

Guyana
Guiana

Membro da ONU desde 20 de setembro de 1966

Orange Bread (Pão de Laranja)

Ingredientes:
30 g de fermento biológico seco • 1 1/2 xícara (chá) de água morna • 7 1/2 xícaras (chá) de farinha de trigo peneirada • 1/4 xícara (chá) de suco de laranja • 2 colheres (chá) de raspas de casca de laranja • 1/2 xícara (chá) de açúcar • 1 1/2 colher (chá) de sal • 80 g de margarina derretida • 2 ovos

Modo de preparo:
Dissolva o fermento em 1/4 de xícara de água morna. Em uma tigela coloque 2 xícaras (chá) da farinha peneirada e o restante da água morna; acrescente o suco de laranja, as raspas, o açúcar, sal e a margarina derretida. Adicione os ovos batidos e o fermento, e bata completamente. Junte a farinha restante para fazer uma massa moderadamente macia. Despeje sobre uma superfície pouco polvilhada e sove até que fique lisa (5 a 8 minutos). Cubra e deixe crescer em um lugar moderadamente aquecido, até dobrar de tamanho. Divida a massa em porções iguais e modele os pães. Coloque em fôrmas untadas e deixe crescer novamente. Asse em forno moderado, 200ºC, por cerca de 45 minutos. Quando terminar, pincele a parte de cima com manteiga derretida.

South America

South America

Paraguay
Paraguai
Membro da ONU desde 24 de outubro de 1945

Chipah (Pãozinho de Queijo)

Paz/Ñe'êndy

Ingredientes:
2 xícaras (chá) de polvilho de mandioca; 1 xícara (chá) de queijo; 1 colher de sal; 1 colher de fermento em pó; 4 colheres de manteiga; 3 a 4 ovos.

Modo de preparo:
Coloque o polvilho numa vasilha, adicione manteiga, sal, fermento, ovos e misture com as mãos. Quando a massa ficar macia, adicione o queijo e misture. Faça pequenas rolos com a massa, dando-lhe forma de meia-lua e ponha numa assadeira untada. Coloque para assar em forno médio até ficarem dourados.

Peru
Peru
Membro da ONU desde 31 de outubro de 1945

Fudge Brownies (Brownies de Fudge)

Paz/Anka kay

Ingredientes:
1/2 xícara (chá) de manteiga • 1/3 xícara (chá) de chocolate meio-amargo em pó • 1 xícara (chá) de açúcar • 2 ovos batidos • 1/2 xícara (chá) de farinha de trigo • 1/4 colher (chá) de sal • 1/2 colher (chá) de baunilha • 1 xícara (chá) de nozes picadas

Modo de preparo:
Unte uma assadeira de 30 cm. Em uma panela média, derreta a manteiga e adicione o chocolate; misture. Tire do fogo; acrescente o açúcar, misture e deixe esfriar. Adicione os ovos batidos, mexendo sempre. Misture a farinha com o sal e despeje na panela, mexendo bem. Acrescente a baunilha e as nozes picadas. Coloque na assadeira e asse por 30 a 35 minutos a 175°C. Deixe esfriar e corte em pedaços quadrados de 5 cm.

104

South America

Vrede

Suriname
Suriname
Membro da ONU desde 4 de dezembro de 1975

Apple Mapple Bread (Pão de Maçã)

Ingredientes:
1 xícara (chá) de mapple syrup • 3/4 xícara (chá) de azeite • 2 ovos grandes • 2 colheres (sopa) de margarina • 2 xícaras (chá) de farinha de glúten • 1 1/2 colher (chá) de fermento químico • 1 colher (chá) de sal • 1 maçã fatiada
Cobertura: 2 colheres (chá) de mel • 2 colheres (sopa) de farinha de trigo (adicional) • 2 colheres (sopa) de manteiga • 1 colher (chá) de canela em pó • nozes moídas (opcional)

Modo de preparo:
Preaqueça o forno a 180ºC. Unte uma forma média de pão. Bata o mapple e o azeite. Acrescente os ovos e a margarina até formar um creme. Misture a farinha de glúten, o fermento e o sal. Misture ao creme. Adicione as fatias de maçã. Coloque na fôrma untada.
Cobertura: Misture os ingredientes e coloque por cima do pão. Asse até dourar, por aproximadamente 50 minutos. Para tirar da fôrma, deixe esfriar por 10 minutos.

South America

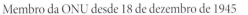

Paz

Uruguay
Uruguai

Membro da ONU desde 18 de dezembro de 1945

Pan Dulce (Pão doce)

Ingredientes:
2 colheres (sopa) de fermento biológico seco • 1 xícara (chá) de água morna • 100 g de manteiga morna • 1/2 xícara (chá) de açúcar • 1 colher (chá) de sal • 2 colheres (chá) de raspas de limão • 3 ovos • 2 colheres (sopa) de água de Azhar • 4 xícaras (chá) de farinha de trigo • 1 xícara (chá) de frutas secas cristalizadas, picadas • uvas passas e nozes, opcionais • ovo batido para pincelar

Modo de preparo:
Dissolva o fermento em água morna e deixe descansar por 5 minutos. Mexa até que dissolva. Em uma tigela, ponha a manteiga morna, o açúcar, o sal, as raspas de limão, os ovos e a mistura de fermento. Adicione a farinha aos poucos e as frutas para formar um bolo grande ou dois pequenos. Coloque em fôrma de pão untada. Pincele a superfície com ovo batido e ponha para assar por 40 minutos em forno moderado.

Paz

Venezuela
Venezuela

Membro da ONU desde 15 de novembro de 1945

Pandeyuca (Bolachas de Queijo e Mandioca)

Ingredientes:
2 xícaras (chá) de queijo branco fresco, picado • 1 xícara (chá) de farinha de mandioca (ou amido de milho) • 1 colher (chá) de fermento químico

Modo de preparo:
Preaqueça o forno a 200°C. Misture o queijo branco com a farinha de mandioca e o fermento. Sove a mistura até que a massa fique macia. Se necessário, dependendo da umidade e do teor de sal do queijo, acrescente sal a gosto e água enquanto prepara a massa. Corte pequenas porções de massa, enrole e dê um formato de U. Coloque-as em uma assadeira untada e asse por cerca de 20 minutos.

> A PAZ PARA O MUNDO
> É COMO O FERMENTO PARA O PÃO.
> Do *Talmud*, livro sagrado do judaísmo

Kenneth Garrett · NGS · Getty Images · 2000

Asia · UN country members

Afghanistan	China	Kazakhstan	Nepal	Tajikistan	**Middle East**	Oman
Armenia	Democratic People's	Kyrgyzstan	Pakistan	Thailand	Bahrain	Qatar
Azerbaijan	Republic of Korea	Lao People's Democratic Republic	Philippines	Timor-Leste	Iran (Islamic Republic of)	Saudi Arabia
Bangladesh	Georgia	Malaysia	Republic of Korea	Turkmenistan	Iraq	Syrian Arab Republic
Bhutan	India	Maldives	Russian Federation	Uzbekistan	Israel	Turkey
Brunei Darussalam	Indonesia	Mongolia	Singapore	Viet Nam	Jordan	United Arab Emirates
Cambodia	Japan	Myanmar	Sri Lanka		Kuwait	Yemen
					Lebanon	

Asia/Middle East

Uma primeira religião com preocupações sociais e políticas. E um deus encarnado que se tornou pão.

Na formação da grande civilização judaico-cristã, os relatos bíblicos acompanham a passagem e a lenta sedimentação do povo de Israel, e suas conseqüências sociopolíticas, de pastores nômades a agricultores. Primeiramente, é necessário lembrar que esse povo ficou cativo dos egípcios, os pioneiros a dominar a técnica do panifício, por 450 anos, tempo mais que suficiente para adoção e influência da mesma tradição alimentar e amor pelo pão. Até que Moisés liberta seu povo da escravidão no Egito e o conduz em uma épica travessia de quarenta anos pelo deserto, rumo à Terra Prometida. Por quatro décadas, o povo errante foi alimentado por maná divino (que não era pão). E não é de estranhar que o povo fugitivo, conduzido pelo profeta, tenha lamentado a ameaça da fome e chegado a pensar numa rendição à segurança do cativeiro, tal a nostalgia do verdadeiro pão.

Nessa escapada perigosa, os filhos de Israel puderam preparar o pão de fermento, à moda egípcia. Seus livros sagrados dão testemunho dessa contingência, que passaria a ser lei sagrada e palavra da liturgia: "E o povo levou do cativeiro do Egito a sua farinha amassada antes de levedar e, sobre os ombros, as suas amassadeiras envoltas nos seus mantos".[2] Comia-se então o pão ázimo, a "matzá", sem fermento e cozido sobre cinzas, como o pão ancestral de todos os nômades e pequenos agricultores, e que até hoje é símbolo da tradição da Páscoa judaica. Pois Deus sentenciou através de Moisés que na semana da Páscoa: "Por sete dias comer-se-ão pães sem fermento e não se verá convosco fermento em todo o vosso território. [...] Explicarei aos vossos filhos: é por causa daquilo que o Senhor fez por nós quando saímos do Egito".[3] Nas mesmas Escrituras é estabelecido que o pão ofertado a esse mesmo Deus também não poderia ter fermento; porém fica claro que, mesmo que sua divindade desprezasse o alimento fermentado, era assim que os filhos de Israel poderiam se alimentar, e o assim o fariam em todos os outros dias do ano!

Mas a contribuição dessa narrativa hebraica, talvez ímpar a nossa civilização, foi a advertência e noção realista de que domar a terra em nome da própria subsistência da humanidade seria tarefa das mais árduas e nada tranqüila. O Gênesis, através da palavra do próprio Deus criador, é claro: "Maldita seja a terra por tua causa, e dela só arrancarás alimento à custa de penoso trabalho, todos os dias da tua vida. [...] Comerás o pão com o suor do teu rosto, até que voltes à terra de onde fostes tirado. Porque tu és pó e ao pó hás de voltar".[4] Prescrição amarga, mas fiel à realidade dos fatos. A minuciosa legislação divina, através de seus profetas, se encarregaria de tornar justa essa divisão de esforços, suor e lágrimas, e triunfos sobre a terra hostil. A partir daí, se ensaiarão primeiros passos da liberdade e igualdade social e agrária como a entendemos hoje, envolvendo propriedade da terra, seu fruto e a relação de trabalho. E apaziguar todos esses cânones vitais foi em síntese a busca pelo socialismo agrário dos últimos dois séculos entre os homens de boa vontade de todo o mundo.

[2] Êxodus 12: 34
[3] Êxodus 12: 18 e 26-27
[4] Gênesis 3: 17 e 19

Mais tarde, com Jesus Cristo, nessa mesma confluência geográfica e histórica, a velha legislação de Moisés para proteger a igualdade no trabalho da terra e o mesmo suor para ganhar o pão, foram ainda mais ressaltados.

É claro que os homens, pequenos como o pó, passaram a História fraudando as leis divinas, tanto quanto as humanas, e que o diabo, na maioria das vezes, foi quem acabou por "amassar o pão" que relutamos e até hoje hesitamos em repartir.

Com Cristo, o próprio Deus iria se traduzir em pão. Não só quase todos seus ensinamentos se fazem por metáforas da vida agrária, sempre remetendo aos grãos e ao alimento do pão; como ele mesmo, o filho-homem de Deus, se consubstancia em pão na Santa Ceia e na Comunhão – "tomai e comei, isto é o meu corpo".5 Ele foi claro: "Eu sou o Pão e a Vida".6 Na oração que legou a toda a cristandade, pede abertamente a Deus-Pai: "o pão nosso de cada dia nos dai hoje".7 Humano e comovente, ainda que seu Reino não seja desta terra.

Da Índia e do mundo árabe aos confins do Oriente

Sabe-se que os turcos, do Império Islâmico, que cobiçaria a Europa, não eram nem um pouco ligados à vida agrícola. À exceção dos persas, que chegaram a dominar o cultivo do trigo, a maioria do mundo árabe-muçulmano comia uma espécie de bolo de pão, porém o Corão não dá nenhuma importância a campos de cereais. Como para os guerreiros e nômades de desertos, o paraíso para Maomé é descrito como o lugar onde jamais se terá que trabalhar a terra, e onde a abundância de iguarias e prazeres sensuais salta impávida sobre tarefas com arados, foices ou colheitas de grãos. A foice, um dos seus símbolos, serve melhor para degolar cabeças de infiéis. E a meia-lua, outro signo muçulmano, porque os nômades viajavam à noite para escapar do sol desértico, está longe da correspondência dos greco-romanos, em que as deusas Ceres/Deméter, da agricultura, escolhem a foice por instrumento divino por ter analogia com a ceifa dos trigais e das influências da lua no seu crescimento.

O que se convencionou na atualidade a identificar como pão árabe ou pão sírio é uma qualidade de pão feito a partir da farinha de sêmola de trigo, fino, redondo e achatado, e cujas origens remontam aos vales férteis das populações médio orientais, vizinhas ao Mediterrâneo. Esse pão foi e é de grande importância na culinária desses povos, pois acompanha todos os seus pratos e ainda faz as vezes de talher, pois é com ele que se pegam aos bocados os outros alimentos.

Em grande parte da Índia o pão é bastante semelhante ao do tipo árabe. Pequenos rolos de massa de farinha de trigo são sovados e então abertos em discos achatados e originalmente assados sobre pedras e carvão. É o tradicional pitta. Mas na Índia e mais ainda na China e regiões vizinhas, o grão de suma importância para suas civilizações não foi o trigo, nem o centeio, nem o milhete ancestral, nem a cevada: foi o arroz. Ainda hoje é esse grão o responsável por 20% das calorias que alimentam o mundo; o alimento básico de mais de 2 bilhões de seres humanos.

No sul e no leste da Ásia o arroz, ali cultivado cerca de 8 a 6 mil anos antes de nossa era, possibilitou que aquelas civilizações fossem mais desenvolvidas que o resto do mundo; populações mais numerosas, mais bem alimentadas, mais bem organizadas, mais criativas, fazendo com que o restante da humanidade, naquela época, até entrar em contato com o modelo chinês de desenvolvimento, pudesse ser considerado de um "primitivismo" ou arcaísmo espantoso. No Oriente pós-moderno, a papa de arroz, o úmido e pegajoso bolo de arroz, pães de amido de arroz, ou mesmo bolinhos de farinha de trigo, cozidos na água, foram substituídos em boa parte pela panificação industrializada ocidental. A China, entretanto, que também cultivava o trigo na mais longínqua antiguidade, imprimiu um legado que, diz a lenda, Marco Pólo iria aperfeiçoar em seu retorno à Europa: a pasta seca e o macarrão que fazem a alegria de bilhões de paladares contemporâneos.

---

[5] Mateus 26: 26.
[6] João 6: 35.
[7] Mateus 6: 11.

Hoang Dinh Nam - AFP - Getty Images - 2003

AFGHANISTAN

Ashtee/Sula

Afghanistan
Afeganistão
Membro da ONU desde 19 de novembro de 1946

Noni Afghani (Pães Afegães)

Ingredientes:
1 1/2 xícara (chá) de água morna • 10 g de fermento biológico seco • 1 colher (sopa) de açúcar • 4 xícaras (chá) de farinha de trigo • 1 colher (chá) de sal • 1/4 de xícara (chá) de óleo de milho • 1 gema de ovo batida • 1 colher (sopa) de semente de cominho

Modo de preparo:
Misture meia xícara (chá) de água morna, o fermento, o açúcar e deixe descansar durante 10 minutos. Quando se formarem algumas bolhas, polvilhe 1/2 colher (chá) de farinha de trigo e deixe descansar mais 5 minutos. As bolhas aumentarão rápido. Coloque a farinha restante em uma tigela grande e adicione o sal. Faça um buraco no meio, coloque o óleo e a mistura com o fermento. Misture e vá adicionando água aos poucos até ficar uma massa macia e úmida. Faça uma bola com a massa, coloque em uma tigela, cubra com uma toalha e deixe crescer durante 1 hora e 30 minutos. Divida a massa em oito partes iguais e faça uma bola com cada uma delas. Abra a massa na forma oval de mais ou menos 15 cm de largura por 1,5 cm de espessura. Pincele cada um com o ovo batido e polvilhe ½ colher (chá) de sementes de cominho. (Esta é a semente tradicionalmente utilizada, mas pode ser substituída por sementes de alcaravia). Disponha os pães sobre uma folha de papel-manteiga sem untar e asse em forno aquecido a 180ºC por 20 a 25 minutos. A parte de cima ficará levemente dourada e brilhante.

Khaghaghutyun

Armenia
Armênia
Membro da ONU desde 2 de março de 1992

Haygagan Hats (Pão Armênio)

Ingredientes:
10 g de fermento biológico seco • 1 1/2 xícara (chá) de água morna • 1 colher (chá) de sal • 2 xícaras (chá) de farinha de trigo • 2 xícaras (chá) de farinha de trigo integral • sementes torradas de gergelim para decorar

Modo de preparo:
Dissolva o fermento na água morna em uma tigela grande. Acrescente nesta mistura o sal, a farinha de trigo e a farinha de trigo integral, aos poucos, para deixar a massa firme. Sove a massa sobre uma superfície polvilhada até ficar lisa e elástica, em torno de 8 a 10 minutos. Modele em forma de bola. Coloque em uma tigela untada e vire a parte lisa e untada para cima. Cubra e deixe crescer até que a massa dobre de tamanho, por cerca de 1 hora e 30 minutos. Pressione a massa para baixo e deixe crescer novamente até que dobre de tamanho, durante 30 minutos. Divida a massa em oito pedaços e abra cada pedaço com um rolo sobre uma superfície polvilhada até formar círculos bem finos, de mais ou menos 20 cm de diâmetro. Coloque, um por vez, sobre uma

folha de papel-manteiga e salpique com sementes de gergelim. Asse em forno médio 200ºC por 5 a 6 minutos, ou até que o pão pareça seco, ligeiramente dourado e com bolhas. Marque o lado mais pálido sobre uma grelha quente. Esfrie e guarde em local seco.

Asia

Azerbaijan
Azerbaijão
Membro da ONU desde 2 de março de 1992

Sülh

Shakerbura (Trouxinhas Recheadas)

Ingredientes:
Massa: ¼ xícara (chá) de leite integral • 1 colher (sopa) de fermento biológico seco • 1 colher (chá) de sal • 1 ovo • 2 colheres (sopa) de manteiga • 1 1/2 xícara (chá) de farinha de centeio
Recheio: 200 g de nozes ou amêndoas assadas • 1 1/4 xícara (chá) de açúcar

Modo de preparo:
Recheio: Descasque as nozes ou as amêndoas e misture com açúcar.
Massa: Aqueça o leite a uma temperatura entre 30°C e 35°C. Adicione o fermento, o sal, o ovo, a manteiga e a farinha peneirada e faça uma massa. Deixe descansar por 1 hora. Divida a massa em vinte bolas e abra em discos de 0,5 cm de espessura. Coloque o recheio no meio de cada pedaço, dobre para cima e junte as extremidades. Asse durante 25 a 30 minutos a uma temperatura entre 160°C e 180°C.

Bangladesh
Bangladesh
Membro da ONU desde 17 de setembro de 1974

Shänti

Chippewa (Pão Frito Indiano)

Ingredientes:
2 1/2 xícaras (chá) de farinha de trigo • 1 1/2 colher (sopa) de fermento químico • 1 colher (chá) de sal • 3/4 de xícara (chá) de água morna • 1 colher (sopa) de óleo vegetal • 1 colher (sopa) de leite em pó desnatado • óleo vegetal para fritar • açúcar e canela em pó para polvilhar

Modo de preparo:
Coloque a farinha, o fermento e o sal em uma tigela grande. Adicione a água, o óleo e o leite em pó e mexa até formar uma massa lisa. Despeje a massa sobre uma superfície ligeiramente polvilhada. Sove com a farinha e forme uma bola lisa. Cubra e deixe descansar por 10 minutos. Divida a massa em oito bolas. Abra cada bola com as pontas dos dedos ou com um rolo para formar círculos de 20 cm a 25 cm de diâmetro. Cubra a massa com um pano de prato ou papel-filme. Aqueça o óleo em uma frigideira grand, e frite cada círculo de pão por 1 a 2 minutos até que dourem e as pontas enrolem. Escorra em papel absorvente. Repita com a massa restante. Sirva o pão quente ou em temperatura ambiente, polvilhado com açúcar e canela.

BHUTAN

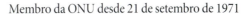

Gzhi-bde

Bhutan
Butão
Membro da ONU desde 21 de setembro de 1971

Paratha (Pão de Trigo Frito)

Ingredientes:
4 xícaras (chá) de farinha de trigo • 1 1/2 colher (chá) sal • 4 colheres (sopa) de óleo • 1 xícara (chá) de água • 3 colheres (sopa) de leite

Modo de preparo:
Misture a farinha e o sal. À parte, misture o óleo, a água e o leite, e despeje gradualmente sobre a farinha para fazer uma massa firme. Sove até a massa ficar macia. Cubra e deixe descansar por 3 horas. Faça doze bolas pequenas com a massa, e abra para ficar com uma espessura média. Pincele a massa com óleo e dobre uma vez. Repita o mesmo procedimento algumas vezes. Abra novamente a massa e ponha para fritar em uma frigideira antiaderente. Ponha um pouco de óleo para dourar a massa dos dois lados. Coloque em um lugar aquecido depois que os pães estiverem fritos. Sirva morno.

Peace/Keamanan

Brunei Darussalam
Brunei
Membro da ONU desde 21 de setembro de 1984

Pudding Cakes (Pães de Ovos)

Ingredientes:
3 xícaras (chá) de farinha de trigo • 1 xícara (chá) de gordura vegetal ou banha • 1 colher (chá) de sal • 4 a 6 colheres (sopa) de água quente • 3 ovos • 1/3 de xícara (chá) de açúcar • 1 1/2 xícara (chá) de leite

Modo de preparo:
Misture em uma tigela a farinha de trigo, a gordura vegetal e metade do sal. Adicione a água quente até formar uma bola de massa. Divida em duas partes e abra a massa em uma superfície lisa e polvilhada até ficar com 0,5 cm de espessura. Corte doze círculos de 8 cm de diâmetro. Disponha os círculos de massa em forminhas untadas, forrando todo o seu interior (fundo e lateral). Bata os ovos com o açúcar e o sal restante. Adicione o leite aos poucos. Distribua aproximadamente duas colheres (sopa) da mistura em cada forminha. Asse em forno preaquecido a 180ºC até que, ao espetar um palito, este saia limpo. Remova os pães das forminhas e sirva-os frios.

Asia

Cambodia
Camboja
Membro da ONU desde 14 de dezembro de 1955

Soksang

Tirk Doung (Bolo de Coco)

Ingredientes:
1/2 xícara (chá) de manteiga derretida • 1 ½ xícara (chá) de açúcar • 4 ovos • 2 colheres (sopa) de essência de baunilha • 1/2 colher (chá) de fermento químico • 1/4 colher (chá) sal • ½ xícara (chá) de leite de coco • 2 xícaras (chá) de farinha de trigo • 1/4 de xícara (chá) de coco ralado fresco ou congelado

Modo de preparo:
Preaqueça o forno a 180ºC. Em uma tigela misture a manteiga e o açúcar. Adicione um ovo de cada vez, misturando bem. Acrescente a baunilha, o fermento, o sal e o leite de coco. Junte toda a farinha e o coco ralado. Em uma fôrma de bolo untada com óleo, polvilhe um pouco de farinha. Despeje a massa e leve ao forno para assar em temperatura baixa por 1 hora e 30 minutos. Desenforme depois de frio. Sirva com chá ou café.

China
China
Membro da ONU desde 24 de outubro de 1945

P'ing

Chinese Steamed Bread (Pão Chinês Cozido)

Assadeiras a vapor de bambu, com suas tampas entrelaçadas, são as mais indicadas para cozinhar esse tipo de pão. Podem ser substituídas por uma panela grande, dentro da qual se colocam os pães ou rolos sobre um prato, para cozinhar em banho-maria. Embrulhe a tampa da panela com um pano de prato para evitar que a condensação da água caia sobre os pães ou rolos.

Ingredientes:
30 g de fermento biológico fresco ou 10 g de fermento biológico seco • 1 xícara (chá) de água morna • 3 colheres (sopa) de açúcar • 5 xícaras (chá) de farinha de trigo • 1 colher (chá) de fermento químico • óleo de gergelim para untar

Modo de preparo:
Em uma tigela grande coloque o fermento e borrife um pouco da água morna. Deixe amolecer por 5 minutos, então adicione 2 colheres (chá) de açúcar e 1/2 xícara (chá) de farinha de trigo. Deixe descansar em um lugar morno por 10 minutos ou até que a mistura comece a formar bolhas. Adicione a água morna e o açúcar restante, mexendo para dissolver. Junte a farinha restante misturada ao fermento, peneirados, aos poucos e misture até que a massa fique lisa e elástica. Unte uma tigela com óleo de gergelim e coloque a bola de massa, virando-a na tigela para untar toda a sua superfície. Cubra e deixe em um lugar morno para crescer até que dobre de tamanho, por cerca de 2 horas. Transfira a massa para uma superfície polvilhada e divida em duas porções iguais. Reserve uma delas.
Montagem em formato de pães: Divida uma das massas em oito a dez bolas lisas. Coloque cada uma em um quadrado de papel-manteiga ou de papel-alumínio untado com óleo de gergelim e ponha-os em uma vaporeira de bambu, para que cresçam. Deixe em um lugar morno por 30 minutos, ou até que dobrem de tamanho. Cubra e coloque sobre água fervente e cozinhe em vapor durante 10 minutos. Não descubra imediatamente após estarem cozidos; deixe a vaporeira coberta por uns 5 minutos para esfriar ligeiramente por fora, evitando que o resfriamento súbito enrugue a massa. Repita todo o procedimento para a outra metade da massa.
Montagem em forma de rolos de flor: Divida a metade da massa reservada em duas porções iguais. Em uma tábua polvilhada, abra uma porção com um rolo, e faça um retângulo de 40 cm por 30 cm. Pincele a superfície com óleo de gergelim, e enrole no formato de um cilindro, começando pela extremidade longa. Corte em doze fatias iguais. Coloque duas fatias juntas, uma em cima da outra. Use pauzinhos chineses para apertar firmemente no centro, fazendo as extremidades cortadas se abrirem como as pétalas de uma flor. Repita com as fatias restantes, formando mais cinco flores, e coloque em uma vaporeira ligeiramente untada. Faça o mesmo com a outra metade da massa. Deixe-as cobertas em um lugar aquecido até dobrarem de tamanho. Cozinhe em vapor de água fervente por 10 minutos. Quando for servir, reaqueça no vapor por 3 minutos.

CHINA

A PAZ É UMA JORNADA DE QUILÔMETROS E DEVE SER PERCORRIDA COM UM PASSO DE CADA VEZ.
Lyndon B. Johnson

Asia

Democratic People's Republic of Korea
Coréia do Norte
Membro da ONU desde 17 de setembro de 1991

Mir

Korean Bread (Pão Coreano)

Ingredientes:
2 xícaras (chá) de farinha de malte • 1 kg de farinha de trigo • 2 xícaras (chá) de farinha fermentada de feijão-soja • 4 xícaras (chá) de água • 10 g de pimenta preta em pó • sal a gosto

Modo de preparo:
Ponha a farinha de malte em água morna e deixe descansar por aproximadamente 1 hora. Despeje o malte diluído em uma panela, leve ao fogo e acrescente a farinha de trigo na água de malte até que levante fervura em fogo baixo; deixe descansar por aproximadamente 1 hora. Em seguida, fora do fogo, misture a farinha fermentada de feijão-soja e o pó de pimenta até obter uma massa mole, porém consistente. Divida a massa em pequenas porções e forme trouxinhas, colocando em fôrma de vapor, de estilo oriental. Cozinhe no vapor por cerca de 25 min. Sirva quente.

Georgia
Geórgia
Membro da ONU desde 31 de julho de 1992

Samk'aro

Khachapuri (Pão de Iogurte com Queijo)

Ingredientes:
Massa: 500 ml de iogurte natural • 1 ovo batido • sal para salpicar • 1 colher (chá) de fermento químico • 3 xícaras (chá) de farinha de trigo • 50 g de manteiga ou margarina
Recheio: 1 kg de queijo levemente salgado, ralado • 6 ovos

Modo de preparo:
Adicione ao iogurte o ovo batido. Salpique a mistura com sal. Misture o fermento com a farinha, acrescente a manteiga e despeje dentro da mistura de iogurte. Despeje a massa sobre uma superfície polvilhada e salpique com farinha de tempos em tempos. Abra a massa com cuidado. Se o queijo for salgado, mergulhe-o em água por várias horas antes de ralar; aperte-o e deixe escorrer. Divida a massa em seis pedaços. Sove

cada pedaço e coloque 1/6 do queijo ralado no centro de cada pedaço. Deixe um furo na massa, para o ovo. Preaqueça o forno a 150ºC e asse os pães até que estejam levemente dourados. Bata 1 ovo e coloque dentro do furo de cada khachapuri; leve ao forno por mais 1 minuto.

Shanti/Peace

India
Índia

Membro da ONU desde 30 de outubro de 1945

Bakhari (Rosquinhas Integrais)

Ingredientes:
2 xícaras (chá) de farinha de trigo integral • 1 colher (chá) de sal • 2 colheres (sopa) de óleo vegetal • 1/4 de xícara (chá) de leite • 1/2 xícara (chá) de água

Modo de preparo:
Junte a farinha, o sal, o óleo, o leite e metade da água em uma tigela. Misture, usando uma colher de pau ou os dedos. Acrescente mais água, 1 colher (sopa) por vez, até que a massa forme uma bola. Sove a massa com as mãos untadas com óleo, por 10 minutos. A massa deve ficar bem firme. Deixe a massa descansar, coberta com um pano, por 15 minutos. Divida a massa em cinco partes. Enrole cada pedaço em forma de rosca. Aqueça uma frigideira plana ou uma chapa grande em fogo moderado. Cozinhe a massa, uma parte por vez, apertando a massa ocasionalmente com uma espátula, até que fique bem cozida e ligeiramente dourada no fundo. Vire a massa e repita a operação. A massa pode ficar ligeiramente estufada durante a cocção. Repita o processo com as outras partes.

Berdamai

Indonesia
Indonésia
Membro da ONU desde 28 de setembro de 1950

Kue Mang Kook (Pãezinhos Coloridos)

Ingredientes:
1/2 xícara (chá) de água fria • 1 1/2 xícara (chá) de farinha de arroz • 3/4 xícara (chá) de farinha de trigo • 1 xícara (chá) de tapioca fermentada (singkong de fita) • 2 xícaras (chá) de açúcar • 1 xícara (chá) de água morna • 2 colheres (chá) de bicarbonato de sódio • 1 1/2 xícara (chá) de refrigerante de limão • 1 colher (chá) de baunilha • corante (3 ou 4 cores a sua escolha)

Modo de preparo:
Acrescente a água fria à farinha de arroz. Junte toda a farinha de trigo com a mistura de farinha de arroz e misture bem. Adicione a tapioca fermentada e o açúcar. Misture bem. Adicione a água morna e sove a massa por cerca de 10 minutos. Adicione o bicarbonato de sódio, o refrigerante de limão e a baunilha. Misture até que a massa fique homogênea. Finalmente, adicione o corante e misture até ficar uniforme. Aqueça forminhas por cerca de 5 minutos e

preencha cada uma até aproximadamente 3/4 do total. Cozinhe em banho-maria por cerca de 20 minutos.

Heiwa

Japan
Japão
Membro da ONU desde 18 de dezembro de 1956

An Pan

Ingredientes:
1 tablete de fermento fresco • 1/4 xícara (chá) e água morna • 1 xícara (chá) de água fervente • 3 colheres de sopa de gordura vegetal • 1 xícara (chá) de açúcar • 3/4 colheres (chá) de sal • 2 ovos batidos • 4 1/2 a 5 xícaras (chá) de farinha de trigo peneirada • 1 gema, batida com 1 colher (sopa) de água ou manteiga derretida, para pincelar os pães • sementes de gergelim torrados
Recheio de Koshi An (veja notas): 500g de feijão azuki • 2 1/2 xícaras (chá) de açúcar • 3/4 colher (chá) de sal

Modo de preparo:
Koshi an: Deixe o feijão azuki de molho, de um dia para o outro. Escorra; coloque em uma panela e cubra com água. Cozinhe lentamente até ficar macio por 60 a 90 minutos. Adicione mais água se necessário. Amasse o feijão, passe por uma peneira, jogando fora as cascas. Retire o excesso de água. Adicione o açúcar e o sal; volte ao fogo, mexa constantemente, engrossando até ficar pastoso. Deixe esfriar.
An Pan: Dilua o fermento na água morna. Reserve. Misture na água fervente o açúcar e o sal; deixando amornar. Adicione o fermento diluído e os ovos mexendo bem. Adicione farinha suficiente para fazer uma massa lisa e macia. Sove um pouco em uma superfície enfarinhada. Coloque a massa em uma tigela untada com farinha. Cubra e deixe descansar até dobrar de tamanho por 60 a 90 minutos. Sove mais um pouco e forme uma bola. Cubra e deixe descansar mais 10 minutos Divida a massa em bolas do tamanho de limões e achate formando círculos. Recheie com 1 colher de sopa de Koshi An , e forme novamente uma bola . Coloque em uma assadeira untada, pincele o topo com a gema com água ou manteiga e polvilhe algumas sementes de gergelim. Deixe descansar até dobrar de tamanho, por 45 a 60 minutos. Preaqueça o forno a 200ºC e asse por 15 minutos.

Você acha Koshi ou Tsubu An prontos a venda nos supermercados Asiáticos, e pode usá-los nesta receita. Você vai precisar de 2 1/2 xícaras.

Asia

Kazakhstan
Cazaquistão
Membro da ONU desde 2 de março de 1992

Kulich (Pão de Frutas)

Bitim

Ingredientes:
1 xícara (chá) de água quente • 20 g de fermento biológico fresco • 1/2 xícara (chá) de açúcar • 1 colher (chá) de sal • 1/2 xícara (chá) de manteiga amolecida • 3 ovos • 5 xícaras (chá) de farinha de trigo • 1/2 xícara (chá) de uvas passas sem semente • 1/4 de xícara (chá) de cidra, bem picada • 1/4 de xícara (chá) de casca de laranja doce, bem picada • 1/4 xícara (chá) de amêndoas brancas, picadas • 1 colher (chá) de raspa de casca de limão

Modo de preparo:
Espalhe o fermento sobre a água em uma tigela grande, mexendo bem até que esteja dissolvido. Acrescente o açúcar, o sal, a manteiga, os ovos, e 2 1/2 xícaras (chá) de farinha de trigo. Bata com uma colher de pau, até que a massa fique bem lisa, por cerca de 2 minutos. Acrescente as frutas, as amêndoas e a raspas do limão. Gradualmente, vá juntando o restante da farinha, misturando no final com a mão até formar uma massa que desgrude dos lados da tigela. Vire a massa sobre uma superfície com farinha. Cubra com a tigela, deixe descansar por 5 minutos. Sove a massa até ficar lisa, por cerca de 5 minutos. Coloque em uma tigela grande, ligeiramente untada, vire a massa para cima com o lado untado e cubra com um pano de prato. Deixe crescer em um lugar quente, livre de correntes de ar, até que a massa ganhe o dobro de tamanho. Unte bem três latas (ou fôrmas de papel para panetone). Retire a massa da tigela, envolvendo-a com um pano ligeiramente polvilhado. Divida em três partes, modele cada parte no formato de uma bola lisa e pressione cada bola dentro da lata. Cubra com um pano de prato, deixe crescer até que dobre de tamanho e fique ligeiramente acima do topo das latas. Aqueça o forno a 200ºC e asse por 30 a 35 minutos, ou até que fiquem bem dourados. Coloque sobre uma grade. Deixe esfriar por 5 minutos. Retire das latas; deixe terminar de esfriar sobre uma grade ou grelha.

Kyrgyzstan
Quirguistão
Membro da ONU desde 2 de março de 1992

Dak (Pão Integral de Chocolate)

Dvinö

Ingredientes:
8 g de fermento químico • 1 colher (sopa) de açúcar • 1 1/2 xícara (chá) de farinha de trigo • 1 1/2 xícara (chá) de farinha de centeio médio • 1/4 de xícara (chá) de farinha de trigo integral • 1/2 xícara (chá) de farelo de flocos • 1 colher (sopa) de sementes de alcaravia • 1 colher (chá) de sal • 1 colher (chá) de pó de café instantâneo • 1/4 de colher (chá) de sementes de gergelim • 1 xícara (chá) e mais 2 colheres (sopa) de água • 2 colheres (sopa) de melado • 2 colheres (sopa) de vinagre de maçã • 2 colheres (sopa) de manteiga • 225 g de chocolate amargo

Modo de preparo:
Misture todos os ingredientes em uma tigela e bata na batedeira até obter uma massa homogênea e consistente. Coloque em fôrma para pão untada e asse em forno a 200ºC, por aproximadamente 40 minutos.

KAZAKHSTAN

Asia

Lao People's Democratic Republic
Laos
Membro da ONU desde 14 de dezembro de 1955

Santiphap

Daikon Bread (Pão de Rabanete)

Ingredientes:
1 ramo fresco de coentro com raiz, cortado • 1 daikon médio (rabanete branco), sem pele e cortado fininho • 2 1/2 xícaras (chá) de farinha de arroz pegajosa • 1 xícara (chá) de farinha de trigo • 1 colher (chá) de fermento químico • sal, a gosto • óleo para fritar

Modo de preparo:
Aqueça óleo em uma frigideira não aderente e acrescente o coentro. Cinco segundos depois acrescente o daikon cortado bem fininho. Deixe fritar e acrescente sal a gosto. Em uma tigela grande coloque a farinha de arroz, a farinha de trigo, o fermento e misture bem. Acrescente o daikon frito à mistura e mexa bem. Sove bem a massa até que fique elástica. Se necessário, acrescente mais farinha de arroz para umedecer. Deixe a massa descansar por 1 hora. Divida a massa em duas metades. Modele cada metade como uma corda espessa. Corte a corda em 5

ou 6 pedaços de igual tamanho. Use a palma da mão para achatar a massa formando retângulos (a massa não deve ficar nem muito chata, nem muito espessa). Aqueça óleo em uma frigideira. Frite cada pedaço separadamente; vire com uma escumadeira até que fique dourado dos dois lados. Coloque em um prato e use papel toalha, se necessário, para absorver o excesso de óleo. O pão deve ficar macio, porém cozido por dentro e ligeiramente crocante por fora.

Malaysia
Malásia
Membro da ONU desde 17 de setembro de 1957

Keamanan

Stuffed Pancake Roll (Panqueca de Coco)

Ingredientes:
Recheio: 2 xícaras (chá) de coco ralado fresco • 10 colheres (sopa) de açúcar mascavo • 1 colher (sopa) de açúcar granulado • 3 paus de canela, quebrados pela metade • 1/4 de colher (chá) de sal • óleo para fritar
Panqueca: 1 xícara (chá) de farinha de arroz • 1/2 xícara (chá) de amido de milho • 1 3/4 de xícara (chá) de leite de coco • 1/2 colher (chá) de sal • 1 ovo batido • 3 gotas de corante verde para colorir (opcional) • óleo vegetal para fritar

Modo de preparo:
Recheio: Misture o coco ralado, o açúcar mascavo, o açúcar, os paus de canela e o sal. Doure a mistura em uma panela seca em fogo médio. Mexa constantemente por cerca de 5 minutos ou até que a mistura esteja seca. Remova os paus de canela e reserve.
Panqueca: Misture a farinha de arroz, o amido de milho, o leite de coco, o sal, o ovo e o corante verde, se desejar, e faça uma massa lisa. Coloque óleo em uma frigideira e despeje três colheres (sopa) da massa. Faça

a massa ficar espalhada uniformemente na panela para que fique fina. Frite por 1 minuto, vire a panqueca e frite o outro lado. Retire e reserve. Coloque duas colheres (sopa) do recheio de coco. Dobre uma vez em formato de meio círculo, aperte ligeiramente e dobre novamente juntando as pontas. Aperte para distribuir o recheio uniformemente. Sirva em temperatura ambiente.

Sulha

Maldives
Maldivas
Membro da ONU desde 21 de setembro de 1965

Apricot Bread (Pão de Damasco)

Ingredientes:
2 1/2 xícaras (chá) de farinha de trigo • 1 1/4 colher (chá) de goma xantana • 1 xícara (chá) de açúcar • 1 1/2 colher (chá) de fermento químico • 2 ovos • 1 xícara (chá) de nozes picadas ou amêndoas ou castanhas • 1/4 xícara (chá) de óleo • 1/2 xícara (chá) de leite • 4 colheres (chá) de casca de laranja ralada • 3/4 xícara (chá) de suco de laranja • 2 xícaras (chá) de damasco

Modo de preparo:
Deixe o forno preaquecido a 180ºC e unte forminhas. Coloque todos os ingredientes em uma tigela grande, misturando e batendo na

batedeira em velocidade média por 1 minuto, raspando o lado ocasionalmente. Despeje a mistura nas forminhas e asse por 55 a 65 minutos ou até que um palito, ao ser espetado na massa, saia limpo.

Nairamdal

Mongolia
Mongólia
Membro da ONU desde 27 de outubro de 1961

Mandarin Pancakes (Panquecas Mandarim)

Ingredientes:
2 xícaras (chá) de farinha de trigo • 1 xícara (chá) de água fervente • 3 colheres (sopa) de óleo de gergelim

Modo de preparo:
Em uma tigela coloque a farinha e gradualmente adicione a água, mexendo para formar uma massa fina. Quando esfriar, sove a massa em uma superfície lisa ligeiramente polvilhada. Coloque a massa em uma tigela, cubra com um pano de prato e deixe descansar por 30 minutos. Coloque o óleo de gergelim em uma tigela pequena. Transfira a massa para uma superfície ligeiramente polvilhada e abra-a em uma espessura de pouco menos que 1 cm. Corte em círculos com um cortador de mais ou menos 7 cm de diâmetro, pincele com um pouco de óleo a superfície da panqueca e coloque outro círculo de massa em cima, pressionando-a. Abra esta massa até que se transforme em uma nova panqueca com mais ou menos 15 cm de diâmetro e corte-a ao meio. Cubra com um pano de prato úmido e repita o procedimento com a massa restante. Aqueça uma frigideira antiaderente grande em fogo médio. Cozinhe uma panqueca de cada vez até que doure ligeiramente, por cerca de 1 minuto, virando uma vez para que os lados fiquem secos.

Retire da frigideira e deixe esfriar bastante até que possa segurar cuidadosamente para separar as duas panquecas. Embrulhe em papel alumínio até usar ou refrigere. Para reaquecer coloque no vapor por 5 minutos.

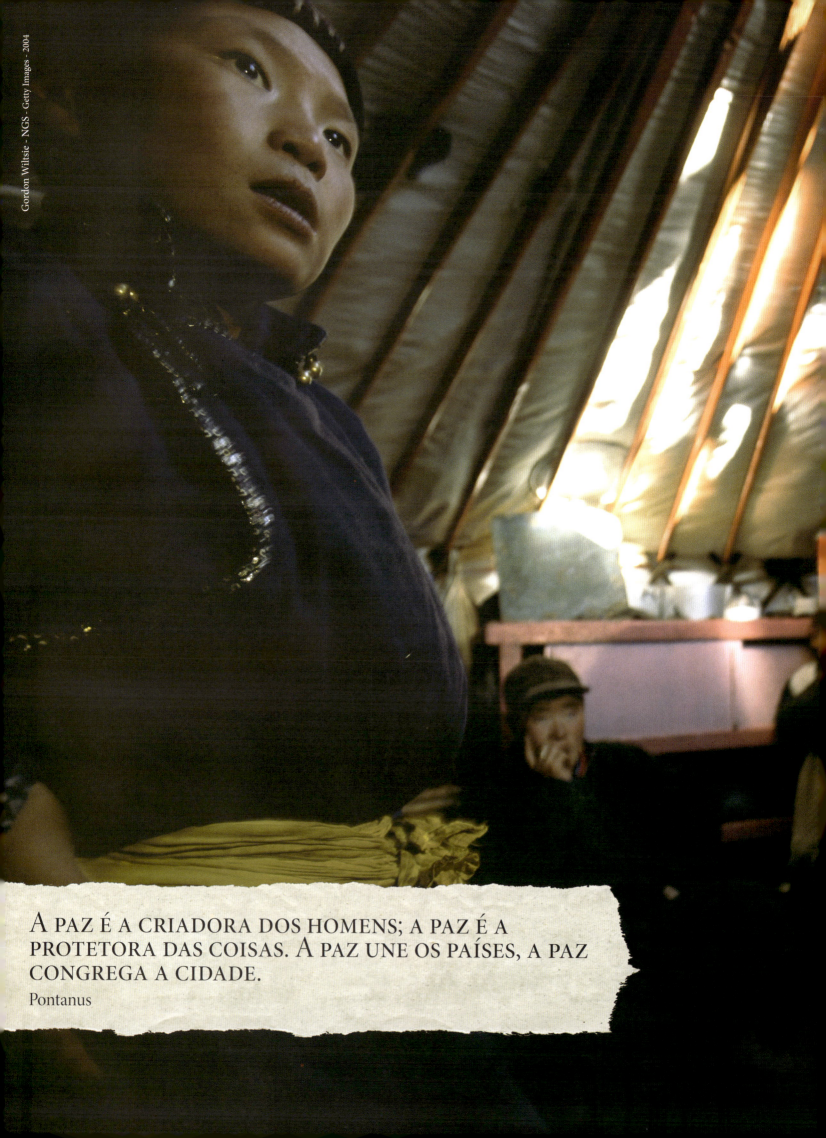

A PAZ É A CRIADORA DOS HOMENS; A PAZ É A PROTETORA DAS COISAS. A PAZ UNE OS PAÍSES, A PAZ CONGREGA A CIDADE.
Pontanus

Asia

Myanmar
Mianmar
Membro da ONU desde 19 de abril de 1948

Nyeinjanyei

Sunflower Wheat and Sugarcane Syrup Bread (Pão de Farelo de Girassol e Melado)

Ingredientes:
15 g de fermento biológico seco • 3/4 xícara (chá) de água morna • 2 colheres (sopa) de açúcar 1/3 xícara (chá) de melado • 1/4 xícara (chá) de manteiga sem sal, em temperatura ambiente (1/2 tablete) • 1 1/2 xícara (chá) de leite, fervido e morno • 6 a 7 xícaras (chá) de farinha de semolina • 1 1/4 xícara (chá) de farelo de flocos não processado • 1/2 xícara (chá) de sementes de girassol • 1 colher (sopa) de sal

Modo de preparo:
Dissolva o fermento com a água e o açúcar. Deixe descansar até que espume, por cerca de 10 minutos. Acrescente melado e manteiga ao leite e mexa bem até que a manteiga derreta; reserve. Em uma tigela grande junte 2 xícaras de farinha de semolina, o farelo, as sementes de girassol e o sal. Misture o fermento e a mistura de leite até que forme uma massa lisa, por cerca de 3 minutos. Com uma colher de pau, misture a farinha de semolina, 1/2 xícara por vez, até que forme uma massa macia. Sove a massa sobre uma superfície bem polvilhada, até que fique lisa e acetinada, colocando mais farinha se estiver pegajosa. Unte uma tigela grande. Coloque a

massa e vire para cobrir toda a superfície. Cubra com plástico. Deixe crescer em local quente livre de correntes de ar até que a massa dobre de tamanho por 1 hora e 30 minutos. Sove a massa suavemente sobre uma superfície polvilhada. Corte na metade. Modele cada pedaço em forma de retângulo. Enrole a massa, apertando as pontas para selar. Coloque o lado da ponta para baixo em assadeiras untadas. Cubra com um pano de prato e deixe crescer em local quente e sem correntes de ar, até que a massa dobre de tamanho, por cerca de 45 minutos. Posicione a grade no centro do forno e preaqueça a 200°C. Asse por cerca de 45 minutos. Remova imediatamente das assadeiras. Deixe esfriar sobre uma grelha.

Nepal
Nepal
Membro da ONU desde 14 de dezembro de 1955

Biśrānti

Phulka (Massa Crocante)

Ingredientes:
1 xícara (c há) de farinha de trigo ou 1/3 xícara (chá) de polvilho + 2/3 xícara (chá) de farinha de trigo • 1/2 xícara (chá) de água

Modo de preparo:
Coloque a farinha em uma tigela grande com a água. Misture até que forme uma massa uniforme. Bata com o restante da farinha e sove até que forme uma bola compacta lisa e elástica. Deixe descansar por 30 minutos. Sove e divida a massa em quatro a seis partes. Abra cada parte da massa com um rolo em círculos, deixando a massa grossa. Aqueça uma frigideira plana sem untar. Coloque o phulka e deixe fritar por cerca de 1 minuto. Vire a massa e frite o outro lado, até que

se formem bolhas pequenas. Vire novamente e cozinhe o primeiro lado pressionando levemente com uma toalha. O phulka deve inchar. Sirva morno. Se preferir, passe uma fina camada de manteiga.

Nota: Se todas as bolas de massa forem abertas ao mesmo tempo, a massa secará. É conveniente abrir uma de cada vez; quando a que estiver assando começar a criar bolhas é o tempo exato para abrir a próxima.

Asia

Aman/Shanti/Peace

Pakistan
Paquistão
Membro da ONU desde 30 de setembro de 1947

Nan Khatais
(Rosquinhas de Pistache)

Ingredientes:
3/4 de xícara (chá) de pistache • 1/2 xícara (chá) de açúcar • 120 g de margarina para untar • 1/2 colher (chá) de essência de baunilha • 1/4 xícara (chá) de semolina fina • 1 1/4 xícara (chá) de farinha de trigo

Modo de preparo:
Separe 3 colheres (sopa) de pistache e reserve. Pique o restante. Misture o açúcar na manteiga até que fique macia e adicione a baunilha. À parte, misture a semolina, a farinha de trigo e despeje na mistura de açúcar e manteiga, mexendo até que forme uma massa firme. Adicione o pistache picado e misture bem. Faça bolas e coloque um pistache inteiro no centro de cada uma, achatando ligeiramente. Coloque as bolas em uma bandeja sem untar e asse por 12 a 15 minutos a 200ºC. Deixe esfriar em um recipiente fechado.

Mabuhay/Peace

Philippines
Filipinas
Membro da ONU desde 24 de outubro de 1945

Sweet Ring Shaped Loaf of Bread
(Pão Doce)

Ingredientes:
20 g de fermento biológico seco • 1/2 xícara (chá) de água • 200 g de margarina • 1 ovo inteiro • 9 gemas • 1 xícara (chá) de açúcar • 1 xícara (chá) de leite • 1 colher (chá) de sal • 6 xícaras (chá) de farinha de trigo • manteiga derretida para pincelar • queijo parmesão • uvas passas claras

Modo de preparo:
Dissolva o fermento na água. Bata a margarina, o ovo, o açúcar e as gemas até que a mistura fique macia. Junte o fermento dissolvido na água, o leite e o sal. Adicione a farinha e misture com as mãos até que a massa não grude mais. Junte mais farinha se necessário. Deixe crescer por 2 a 3 horas em um lugar morno, até dobrar de tamanho. Molde em formato de anel e pincele com manteiga derretida. Jogue sobre a massa um pouco do queijo e algumas passas claras. Cubra e deixe crescer, até que triplique de tamanho. Asse

em forno a 180ºC. Retire das fôrmas e pincele mais manteiga derretida sobre a massa.

Asia

Republic of Korea
Coréia do Sul
Membro da ONU desde 17 de setembro de 1991

Pyon-Hwa

Sae Me Duk (Pão Cozido no Vapor)

Ingredientes:
2 xícaras (chá) de farinha de trigo • 1/2 colher (chá) de sal • 1/2 xícara (chá) de água

Modo de preparo:
Prepare uma massa firme com a farinha, o sal e a água necessária para criar uma massa consistente e flexível. Abra a massa em um retângulo de 1 cm de espessura, corte seis quadrados e coloque-os em uma fôrma de vapor, de estilo oriental. Cozinhe no vapor, (calor moderado) por cerca de 10 minutos. Sirva morno.

Mir

Russian Federation
Federação Russa
Membro da ONU desde 24 de outubro de 1945

Russian Black Bread (Pão Preto)

Ingredientes:
2 1/2 colheres (sopa) de fermento biológico seco • 1 xícara (chá) de água • 1 colher (sopa) de vinagre • 2 colheres (sopa) de óleo vegetal • 1 colher (chá) de cebola seca • 1 colher (chá) de sal • 1 colher (chá) de açúcar • 1 colher (chá) de café solúvel • 1 1/2 colher (sopa) de chocolate amargo ralado • 1 xícara (chá) de farinha de centeio • 1 1/2 xícara (chá) de farinha de trigo • 1/2 xícara (chá) de farelo de aveia • 2 colheres (sopa) de semente de alcaravia (opcional)

Modo de preparo:
Dissolva o fermento na água. Adicione os ingredientes restantes e sove bem. Deixe dobrar de volume. Forme pães e coloque em fôrmas untadas e enfarinhadas. Deixe crescer novamente e leve ao forno preaquecido a 180ºC, por 30 minutos.

SRI LANKA

P'ing/Keamanan/ Peace/Mana amaithi

Ingredientes:
1ª Etapa: 1 1/2 colher (chá) de fermento biológico fresco • 1 colher (chá) de açúcar • 2 colheres (sopa) de água morna • 1/2 colher (chá) de sal • 3 colheres (sopa) de óleo
2ª Etapa: 8 colheres (sopa) de açúcar • 1 xícara (chá) de água morna • 3 1/2 xícaras (chá) de farinha de trigo ligeiramente aquecida

Modo de preparo:
1ª Etapa: Misture todos os ingredientes e deixe descansar por 5 minutos.
2ª Etapa: Misture o açúcar e a água na mistura da 1a etapa. Coloque a farinha em uma tigela, faça um buraco no meio e despeje a mistura. Misture até que a massa fique lisa e não pegajosa. Ponha a massa em uma tigela untada, cubra com um pano úmido e deixe crescer até que dobre o volume. Em uma superfície polvilhada, divida a massa em quatro porções. Enrole e divida cada uma em porções do tamanho de um ovo. Deixe plano e molde cada uma em formato circular (círculos de 5 cm a 7 cm). Pincele com óleo. Dobre em dois e coloque em

Singapore
Cingapura
Membro da ONU desde 21 de setembro de 1965

Kong Bak Bun
(Pãezinhos no Vapor)

papel manteiga. Coloque separadamente em bandejas. Cubra com um pano seco e deixe em temperatura ambiente para crescer por 15 a 20 minutos. Cozinhe no vapor por cerca de 7 a 10 minutos. Remova do vapor, esfrie e tire o papel. O pão poderá ser recheado com carne de porco.

Orumai/ Mana amaithi

Ingredientes:
2 xícaras (chá) de farinha de trigo integral • ½ xícara de água morna • 2 colheres (chá) de ghee ou de óleo (de nozes de preferência) • ghee ou óleo para a fritura

Modo de preparo:
Misture a farinha e a água para obter uma massa; adicione em seguida o óleo ou o ghee. Sove por 8 minutos até que obtenha uma massa elástica e macia. Cubra com um pano úmido e deixe crescer por 1 hora em temperatura ambiente. Divida a massa em doze bolas; polvilhe uma superfície plana com um pouco de farinha; povilhe as bolas com um pouco de farinha e deixe descansar. Com um rolo, abra com cuidado para obter um círculo de 12,5 cm de diâmetro aproximadamente. Se a massa colar no rolo, acrescente um pouco mais de farinha, mas o menos possível para que o pão não fique seco demais. Coloque cada poori em uma

Sri Lanka
Sri Lanka
Membro da ONU desde 14 de dezembro de 1955

Poori (Massa Crocante)

frigideira de fundo espesso, com ghee ou óleo já bem quente, em quantidade suficiente para cobri-lo, senão ele não crescerá. Frite em fogo alto; vire para dourar do outro lado. Sirva quente.
Ghee: Coloque 450 g de manteiga em uma panela média em fogo alto. Deixe a manteiga ferver. Isto demora aproximadamente 2 a 3 minutos. Uma vez levantada a fervura, reduza o calor pela metade. A manteiga formará uma espuma que desaparecerá. O ghee é feito quando uma segunda espuma se forma em cima da manteiga, e a manteiga fica dourada. Aproximadamente 7 a 8 minutos de fervura. A parte sólida, marrom, ficará no fundo da panela. Suavemente passe a parte líquida no coador. Guarde-o em um recipiente que feche hermeticamente, cuidando para conservar-lo sem umidade. O ghee não precisa de refrigeração e vai se conservar no recipiente hermético por até 1 mês.

Asia

Tajikistan
Tajiquistão
Membro da ONU desde 2 de março de 1992

Salam

Medivnyk (Pão de Mel Tradicional)

Ingredientes:
500 g de mel • cravo-da-índia ou cravo selvagem • 8 ovos separados em temperatura ambiente • 6 colheres (sopa) de manteiga • 2 xícaras (chá) de açúcar • 6 xícaras (chá) de farinha de trigo • 2 colheres (chá) de fermento químico • 2 colheres (chá) de bicarbonato de sódio • 2 colheres (chá) de canela em pó • suco de 1 laranja • 1 xícara (chá) de café forte • 1 xícara (chá) de creme azedo • 1 xícara (chá) de nozes picadas (opcional)

Modo de preparo:
Aqueça o mel até que ferva e espere esfriar. Separe os ovos, reservando as claras. Bata as gemas com a manteiga até que fique cremoso. Acrescente o mel frio e bata até que fique bem misturado. Adicione o açúcar e bata bem. Adicione a farinha, o fermento, o bicarbonato de sódio e o cravo e mexa novamente. Adicione à mistura do mel. Acrescente o suco de laranja, o café e o creme azedo, mexendo até que

não apareça mais a farinha seca. Bata as claras em neve, junte aos outro ingredientes aos poucos, misturando bem. Adicione as nozes picadas. Coloque em fôrmas de pão untadas e polvilhadas. Asse em forno preaquecido a 200ºC por cerca de 1 hora (não abra a porta do forno durante os primeiros 30 minutos). Deixe esfriar por 10 minutos; desenforme para terminar de esfriar.

Thailand
Tailândia
Membro da ONU desde 16 de dezembro de 1946

Khwaam' sa' ngohp

Krong Krang (Pãezinhos de Coco)

Ingredientes:
Massa: 2 xícaras (chá) de farinha de trigo • 1 gema de ovo • 1/2 xícara (chá) de creme de coco (o creme de coco é a porção mais rica do leite do coco; é tirado de cima do leite do coco, depois de permanecer por 1 hora na geladeira) • 3 colheres (sopa) de água com suco de lima • óleo para fritar
Calda: 2 colheres (sopa) de água de jasmim (essência) • 1 3/4 xícara (chá) de açúcar de coco • 1 colher (sopa) de raiz de coentro, cortada fina • 1 colher (chá) de pimenta-preta moída • 1 colher (chá) de sal • açúcar para polvilhar

Modo de preparo:
Em uma tigela, coloque a farinha e acrescente a gema. Misture bem e acrescente lentamente o creme de coco e a água de lima. Sove a massa até ficar macia e brilhante. Divida a massa em pequenas bolas de aproximadamente 3 cm de diâmetro (o tamanho pode variar). Frite a massa em óleo quente até dourar. Deixe escorrer e deixe esfriar completamente. Reserve.
Calda: Coloque a água de jasmim e o açúcar de coco em uma frigideira e leve ao fogo baixo.

Quando o açúcar estiver totalmente derretido e misturado à água de jasmim, acrescente a raiz de coentro, a pimenta e o sal previamente batidos juntos. Aumente o fogo para a temperatura média e misture bem todos os ingredientes. Continue a mexer, para que a calda não queime, até que ela esteja perfumada.
Finalização: Distribua a calda sobre a massa frita fria. Retire os pedaços de massa do recipiente e espalhe-os para esfriar em uma travessa guarnecida com papel-manteiga. Polvilhe com açúcar. Depois de frios, devem ser guardados em recipientes herméticos.

Asia

Paz

Timor-Leste
Timor-Leste
Membro da ONU desde 27 de setembro de 2002

Pão Doce Sovado

Ingredientes:
15 g de fermento biológico seco • 1/4 xícara (chá) de água morna • 1 xícara (chá) de leite fervido • 1 xícara (chá) de açúcar • 1/2 xícara (chá) de manteiga ou margarina • 1/2 colher (chá) de sal • 2 colheres (chá) de canela • 5 1/2 a 6 xícaras (chá) de farinha de trigo ou semolina • 4 ovos

Modo de preparo:
Preaqueça o forno a 180°C. Dissolva o fermento em água morna. Ferva o leite e acrescente o açúcar, a manteiga e o sal. Mexa bem até que a manteiga esteja derretida. Misture a canela e a farinha. Acrescente 1/2 xícara de farinha à mistura de leite e misture bem até obter uma massa lisa. Bata 3 ovos e acrescente-os à mistura. Continue a acrescentar o restante da farinha para fazer uma massa macia. Retire-a da tigela e coloque sobre superfície polvilhada. Sove a massa até deixá-la lisa e brilhante por cerca de 15 minutos. Modele no formato de uma bola e coloque em uma tigela untada com manteiga. Cubra e deixe crescer até que dobre de tamanho por 2 horas e 30 minutos a 3 horas. Despeje a massa na superfície e divida-a ao meio. Coloque em duas fôrmas de pão untadas. Deixe crescer em local quente novamente, até que dobre de tamanho por 1 hora e 30 minutos a 2 horas. Bata o ovo que sobrou e pincele a massa. Asse em forno a 180°C por 20 a 30 minutos ou até dourar.

Asia

Turkmenistan
Turcomenistão
Membro da ONU desde 2 de março de 1992

Parahatchylyk

Pagach (Pão Chato com Cebolas e Repolho)

Ingredientes:
10 g de fermento biológico seco • 1 xícara (chá) de água morna • 1/2 colher (chá) de sal • 2 1/2 xícaras (chá) de farinha de trigo
Cobertura: 1 cebola grande sem casca e em fatias • 1/2 xícara (chá) de óleo • 1 cabeça média de repolho picado • sal e pimenta a gosto

Modo de preparo:
Dissolva o fermento na água. Acrescente o sal e a farinha e sove a massa até que fique lisa e elástica, adicionando mais farinha se necessário. Coloque a massa em uma tigela, cubra com uma tampa de aço inoxidável. Deixe crescer até que dobre de tamanho.
Cobertura: Refogue a cebola no óleo até que fique macia; acrescente o repolho picado, sal e pimenta.
Finalização: Em uma superfície untada com farinha, abra a massa e coloque a cobertura. Asse em forno médio até dourar.

Uzbekistan
Uzbequistão
Membro da ONU desde 2 de março de 1992

Tinçlik

Chaker Churek (Bolinhos de Baunilha)

Ingredientes:
260 de manteiga, derretida • 1 1/2 xícara (chá) de açúcar • 1 ovo • 1/2 colher (chá) de baunilha • 3 xícaras (chá) de farinha de trigo • açúcar para polvilhar

Modo de preparo:
Bata a manteiga derretida com o açúcar por 25 a 30 minutos. Adicione a clara de ovo. Coloque a baunilha, a farinha peneirada e misture para formar uma massa grossa. Forme 60 a 75 bolas de massa e pincele com a gema do ovo. Coloque em um tabuleiro forrado com papel-manteiga e asse em forno médio (175ºC a 180ºC) por 25 a 30 minutos. Deixe esfriar e polvilhe com açúcar.

Su Thai Binh

Viet Nam
Vietnã
Membro da ONU desde 20 de setembro de 1977

Action Cookies (Biscoitos da Guerra)

Ingredientes:
3/4 xícara (chá) de gordura vegetal sólida • 1 xícara (chá) de açúcar mascavo • 1 ovo • 1 1/2 xícara (chá) de farinha de trigo • 1/2 colher (chá) de bicarbonato de sódio • 1 colher (chá) de sal • 1 colher (chá) de canela moída • 1/4 colher (chá) de noz-moscada ralada • 1/2 xícara (chá) de nozes grosseiramente picadas • 1/2 xícara (chá) de pedaços de chocolate meio-amargo (simples ou com menta) • 1/2 xícara (chá) de coco fresco ralado • 1/2 xícara (chá) de uvas passas, misturadas com 1 colher (sopa) de polvilho • 1 xícara (chá) de bananas amassadas (2 ou 3 bananas) • 1 3/4 xícara (chá) de aveia

Modo de preparo:
Em uma tigela grande, bata a gordura e o açúcar mascavo com uma batedeira. Acrescente o ovo e continue a bater até que os ingredientes estejam bem misturados. Misture a farinha, o bicarbonato de sódio, o sal, a canela e a noz moscada, adicione à mistura de gordura e bata tudo muito bem. Acrescente as nozes, os pedaços de chocolate, o coco ralado, as uvas passas e as bananas, mexendo muito bem. Incorpore gradualmente a aveia, mexendo bem. Derrame a massa com uma colher de chá em papel-manteiga levemente untado. Asse em forno preaquecido a 200ºC por 12 minutos ou até dourar.

O QUE É DE PAZ CRESCE POR SI.
Charles Darwin

Middle East

Bahrain
Barein
Membro da ONU desde 21 de setembro de 1971

Salam

Kloiskers (Pão de Acorn)

Ingredientes:
4 xícaras (chá) de farinha de trigo • 2 colheres (chá) de fermento químico • 2 colheres (chá) de bicarbonato de sódio • 2 colheres (chá) de sal • 2 colheres (chá) de gengibre picado • 1 colher (chá) e canela em pó • 2 ovos batidos • 2 xícaras (chá) e leite • 1 xícara (chá) de mel • 1 xícara (chá) de acorns picados (bolota ou semente do carvalho) • margarina para untar

Modo de preparo:
Unte com margarina duas fôrmas de pão. Misture todos os ingredientes secos, cuidadosamente. Bata os ovos, adicionando gradualmente o leite. Acrescente aos ingredientes secos a mistura de ovo alternadamente com o mel. Bata bem. Misture os acorns e despeje a massa nas fôrmas de pão. Asse em forno a 200ºC por 45 minutos ou até dourar. Se o pão estiver pronto, ele sairá facilmente quando a fôrma for virada e batida no fundo suavemente; caso contrário, asse por mais 10 a 15 minutos. Retire o pão da fôrma quando estiver pronto e frio. Este pão condimentado tem melhor sabor após o segundo dia de assado

Iran (Islamic Republic of)
Irã
Membro da ONU desde 24 de outubro de 1945

Ashtee

Wa-ga-fee (Pãezinhos Assados)

Ingredientes:
6 xícaras (chá) de farinha de centeio • 6 xícaras (chá) de farinha de trigo • 2 colheres (sopa) sal 1 colher (sopa) de bicarbonato de sódio • 1 colher (sopa) de fermento biológico fresco • água morna

Modo de preparo:
Misture todos os ingredientes e adicione água morna suficiente para fazer uma massa de pão grossa. Sove bastante, por 15 a 20 minutos. Ponha a massa em uma tigela grande e cubra; deixe descansar por 6 horas. Faça bolas com a massa e as deixe descansar por 15 a 20 minutos. Achate cada bola, de forma que fique plana e esse em forno de barro.

Middle East

Salam

Iraq
Iraque
Membro da ONU desde 1 de dezembro de 1945

Klaycha a-Tamr (Biscoitos de Tâmara)

Ingredientes:
2 xícaras (chá) de farinha de trigo • 1 colher (chá) de fermento químico • 1/2 colher (chá) de cardamomo moído • 1/2 colher (chá) de sal • 3/4 xícara (chá) de manteiga derretida • 1 xícara (chá) de açúcar • 3 ovos batidos • água, se necessário •1 xícara (chá) de tâmaras cortadas • 1 xícara (chá) de nozes picadas

Modo de preparo:
Peneire a farinha, junte o fermento, o cardamomo e o sal; reserve. Junte a manteiga, o açúcar e os ovos. Gradualmente adicione os ingredientes secos para formar uma massa macia, adicionando água aos poucos, se necessário. Misture as tâmaras e as nozes. Sobre uma folha de papel manteiga, ponha colheradas (colher de chá) da massa, deixando uma certa distância uma da outra. Coloque em forno preaquecido a 180ºC e asse durante 15 minutos, ou até que os biscoitos fiquem dourados. Retire do forno e deixe esfriar antes de servir.

Middle East

Israel
Israel
Membro da ONU desde 11 de maio de 1949

Shalom

Challah (Pão Trançado)

Durante as festas religiosas, os israelitas costumam fazer um formato arredondado com a trança, como se fosse um rosca, simbolizando a roda da vida.

Ingredientes:
2 xícaras (chá) de farinha de trigo • 2 a 2 1/2 xícaras (chá) de farinha de trigo integral • 1/2 colher (chá) de sal • 1 ovo • 2 colheres (sopa) de óleo vegetal • 1 colher (sopa) de fermento biológico seco • 1 1/4 xícara (chá) de água • 2 colheres (sopa) de açúcar • 1/4 xícara (chá) de água morna • 1 ovo batido • 1 colher (sopa) de sementes de papoula

Modo de preparo:
Junte as farinhas e o sal em uma tigela. Faça um buraco no centro da mistura de farinha e adicione o ovo, o óleo, o açúcar, o fermento e a água. Mexa bem. Sove a massa sobre uma superfície polvilhada adicionando mais farinha de trigo até a massa ficar lisa e elástica. Coloque em uma tigela untada. Cubra com um pano de prato úmido e deixe crescer até que dobre de tamanho por cerca de 1 hora. Divida a massa em três partes. Enrole cada parte em forma de corda com cerca de 20 cm de comprimento. Faça uma trança com as três partes e coloque sobre papel-manteiga levemente untado. Pincele com o ovo batido. Salpique com as sementes de papoula. Cubra e deixe crescer até dobrar de tamanho. Asse em forno a 200ºC por 40 a 45 minutos ou até que fique dourado.

Jordan
Jordânia
Membro da ONU desde 14 de dezembro de 1955

Salam

Tabule Bread (Pão de Tabule)

Ingredientes:
Tabule: 3/4 xícara (chá) de água fervente • 1/2 xícara (chá) de bulgur • 1/2 xícara (chá) de salsa • 1/2 colher (sopa) de cebola picada • 1/2 colher (sopa) de folhas de hortelã • 1/2 colher (sopa) de fermento biológico seco • 3 xícaras (chá) de farinha de trigo • 2 colheres (sopa) de açúcar • 1/2 colher (chá) de sal • 1 ovo • 1 colher (sopa) de óleo de oliva • 3/4 xícara (chá) de água morna • 1/4 xícara (chá) de azeitonas pretas, picadas • 1/4 xícara (chá) de damascos secos, picados

Modo de preparo:
Acrescente a água fervente aos ingredientes do tabouli e mexa bem; deixe que esfrie e fique bem morno. (Em clima quente e úmido, use 1/8 de xícara a menos de água.) Misture os ingredientes restantes ao tabule. Sove bem. Deixe a massa crescer e forme pães. Coloque em assadeira untada e polvilhada com farinha. Leve ao forno preaquecido a 180ºC por 30 minutos
Nota: Bulgur é um trigo integral que foi limpo, batido e seco, livre de partículas de terra, peneirado em tamanhos distintos e cozido rapidamente. Podem ser moídos em quatro tamanhos diferentes que preservam o núcleo inteiro do trigo e fornecem texturas e propriedades diferentes, com várias aplicações na alimentação. O resultado é um produto

de trigo nutritivo, versátil, com sabor semelhante ao de nozes e com maior durabilidade, o que permite que seja armazenado por longos períodos. Muitas vezes confundido com o triguilho, o bulgur diferencia-se por ser pré-cozido e, misturado em água ou caldo, pode ser combinado com outros ingredientes sem cozimento adicional. O bulgur pode substituir o arroz integral e é mais nutritivo do que o arroz comum.

ISRAEL

Middle East

Kuwait
Kuaite

Membro da ONU desde 14 de maio de 1963

Honey Bread (Pão de Mel)

Salam

Ingredientes:
3/4 xícara (chá) de mel • 1/2 xícara (chá) de açúcar • 2/3 colher (sopa) de café forte moído a hora • 3 ovos, claras e gemas separadas • 1 colher (sopa) de fermento químico • 1/2 xícara (chá) de farinha de trigo • 1/2 xícara (chá) de amido de batata • 1/2 colher (chá) de canela em pó • 1/4 colher (chá) de gengibre moído (opcional) • 1/2 xícara de nozes picadas

Modo de preparo:
Em uma tigela grande misture o mel, o açúcar, o café e as gemas até que fique tudo bem batido. Reserve. Em uma tigela pequena misture a farinha, o amido de batata, a canela e o gengibre.
Junte os ingredientes secos com a mistura reservada e adicione as nozes. Bata as claras em neve, mas que não fiquem muito duras; incorpore suavemente à massa batida. Despeje a massa em uma fôrma para pão, bem untada. Asse em forno a 200ºC por cerca de 45 minutos ou até que o pão esteja pronto (teste com um palito que, ao espetar a massa, deverá sair seco).

Lebanon
Líbano

Membro da ONU desde 24 de outubro de 1945

Pita Bread (Pão de Pita)

Salam

Ingredientes:
20 g de fermento biológico seco • 2 1/2 xícaras (chá) de água morna • 1 colher (chá) de açúcar • 8 xícaras (chá) de farinha de trigo • 2 colheres (chá) de sal • 2 1/2 colher (sopa) de óleo vegetal • 3 colheres (sopa) de óleo

Modo de preparo:
Dissolva o fermento em 1/4 xícara da água morna. Adicione o açúcar e mexa. Deixe descansar em temperatura ambiente por 15 minutos até que forme uma espuma. Peneire o sal e a farinha juntos em uma tigela grande. Ponha a mistura de fermento bem no centro da farinha e misture com as mãos. Vá adicionando o restante da água morna até que forme uma massa macia. Transfira para uma superfície lisa e polvilhada e continue sovando até que fique lisa e brilhante, por cerca de 15 minutos. Adicione 2 colheres (sopa) de óleo vegetal na massa e forme uma bola. Pincele a superfície da bola com o restante do óleo vegetal e ponha a massa na tigela, cobrindo com um pano úmido. Deixe em temperatura ambiente por 30 minutos até que dobre de tamanho.
Preaqueça o forno em temperatura alta por 30 minutos. Perfure a massa, puxe as extremidades para cima até que forme outra bola e transfira para uma tábua ligeiramente polvilhada e misture por 2 minutos. Divida a massa em oito partes e faça uma bola com cada uma. Aplaine cada bola na superfície polvilhada até que fique com mais ou menos 1 cm de espessura e 5 cm de diâmetro. Coloque os círculos de pão aplainados sobre um pano de prato ligeiramente polvilhado. Cubra com outro pano polvilhado e deixe descansar para dobrar de tamanho por 30 minutos. Unte a assadeira com óleo e aqueça no forno por 5 minutos. Coloque os pães para assar por 5 a 9 minutos. O pão deve inchar no meio e ficar dourado claro. O inchaço desaparecerá quando for retirado do forno. Retire do forno e embrulhe em um pano de prato para mantê-los úmidos.

Middle East

Salam

Oman
Omã
Membro da ONU desde 7 de outubro de 1971

Khameer (Pão de Especiarias)

Ingredientes:
1 colher (sopa) de fermento biológico fresco • 1 1/2 xícara (chá) de água morna • 2 xícaras (chá) de farinha integral • 2 xícaras (chá) de farinha de trigo • 1/2 xícara (chá) de açúcar • 1/2 xícara (chá) de leite em pó • 1 colher (chá) de salsão moído • 1/2 colher (chá) açafrão • 1 colher (chá) de cardamomo • 1 colher (chá) de sal • 3 ovos • 1/2 xícara (chá) de óleo • 1 ovo batido • sementes de gergelim para guarnição

Modo de preparo:
Dissolva o fermento em água morna. Ponha os ingredientes secos em uma tigela, faça um buraco bem no centro, adicione os ovos, o fermento e o óleo. Coloque água suficiente para fazer uma massa de panqueca não muito grossa; bata bem; cubra e ponha em um lugar morno por 10 a 12 minutos. Esquente uma frigideira pequena antiaderente. Pegue um punhado de massa e coloque na frigideira, apertando-a levemente com a mão um pouco molhada para achatar a superfície. Forme uma panqueca redonda, mas não muito grossa. Leve ao fogo e, quando começar a borbulhar, coloque 1 colher (chá) de ovo batido em cima e borrife sementes de gergelim. Quando o pão começar a inchar e ficar dourado, remova da frigideira e ponha na grelha até que fique dourado em cima. Continue deste modo até usar toda a massa.

153

QATAR

Middle East

Salam

Qatar
Catar
Membro da ONU desde 21 de setembro de 1971

Samboosak Bel-Koorat
(Trouxinhas Recheadas)

Ingredientes:
Massa: 1 1/2 xícara (chá) de farinha de trigo • 1 ovo • 1 colher (chá) de fermento biológico seco água • sal a gosto • 1/2 xícara (chá) de óleo
Recheio: 1 talo de alho-poró • 2 cebolas grandes • 2 pimentas vermelhas (opcional) • 1 colher (chá) de pimenta preta moída • sal a gosto • 1 colher (sopa) de óleo de milho

Modo de preparo:
Massa: Coloque a farinha em uma tigela grande, faça um furo no centro e acrescente o ovo e o fermento. Mexa cuidadosamente, adicionando água salgada gradualmente até que se tenha uma massa firme. Cubra e coloque em lugar quente por pelo menos 1 hora.

Recheio: Lave, escorra e pique o alho-poró. Fatie as cebolas e corte bem fininho, acrescente as pimentas vermelhas, a pimenta preta e o sal junto com o óleo. Adicione o alho-poró e mexa tudo cuidadosamente. Abra a massa no formato de uma tira achatada, cubra com óleo e corte em tiras no sentido do comprimento. Coloque as tiras em cima uma das outras e corte em quadrados. Pegue uma massa quadrada, polvilhe com farinha e abra-a bem, mantendo o formato quadrado. Coloque 1 colher (sopa) da mistura de alho-poró no centro do quadrado e dobre as bordas no topo de umas com as outras. Unte uma assadeira, arrume o samboosak nela, e asse em forno moderado até que fique dourado.

Salam

Saudi Arabia
Arábia Saudita
Membro da ONU desde 24 de outubro de 1945

Aish-Bel Lahm (Pão de Especiarias)

Ingredientes:
Massa: 1/2 xícara (chá) de água morna • 30 g de fermento biológico fresco • 4 xícaras (chá) de farinha de trigo • 3 ovos • 3 colheres (sopa) de óleo vegetal • sal a gosto • 1/2 colher (chá) de especiarias em pó para pão (pimenta e cominho) • 3 colheres (sopa) de óleo de milho para untar •1 colher (sopa) de sementes de papoula, para decorar
Recheio: 1 kg de carne moída • 2 cebolas médias, bem picadas • 2 colheres (chá) de sal • 3 colheres (sopa) de óleo de milho para untar a tigela • 1/2 talo de alho-poró • 6 colheres (sopa) de pasta de gergelim (tahine) • 2 colheres (sopa) de vinagre • água • 2 pimentas

Modo de preparo:
Massa: Dissolva o fermento na água morna; reserve. Coloque a farinha em uma tigela grande, faça um furo no centro e acrescente os ovos, o óleo, o sal e as especiarias. Mexa bem, acrescentando o fermento e a água, aos poucos, até que obter uma massa firme. Unte uma travessa grande com o óleo de milho. Ponha a massa na travessa e cubra com um pano úmido. Coloque a massa em um lugar quente até que dobre de volume.

Recheio: Em uma panela, refogue a carne moída, a cebola e o sal. Cozinhe em fogo médio, mexendo até que a carne esteja cozida. Deixe esfriar. Pique bem fino o alho-poró e lave várias vezes em uma peneira. Espalhe o alho-poró sobre papel-toalha para absorver o excesso de água. Adicione à carne moída. Misture a pasta de gergelim com vinagre, um pouco de água e as pimentas. Acrescente à mistura de carne, mexendo cuidadosamente.
Finalização: Quando a massa tiver crescido, abra-a em formato circular de espessura média, espalhe o recheio sobre a massa, deixando as bordas limpas. Salpique com as sementes de papoula e coloque em forno a 200°C por 30 minutos aproximadamente.

Middle East

Syrian Arab Republic
Síria
Membro da ONU desde 24 de outubro de 1945

Salam

Ghurayba Cookies (Biscoitos Ghurayba)

Ingredientes:
1 1/2 xícara (chá) de manteiga derretida • 1 3/4 xícara (chá) de açúcar de confeiteiro • 1 colher (chá) de água de flor de laranja (mazahar) •1 gema de ovo • 3 xícaras (chá) de farinha de trigo • 40 amêndoas branqueadas

Modo de preparo:
Misture a manteiga, 1 1/2 xícara do açúcar de confeiteiro, a água de flor de laranja e a gema de ovo em um liquidificador e bata por 1 minuto. Transfira para uma tigela; gradualmente adicione a farinha e misture com as mãos até que forme uma massa lisa. Faça quarenta bolas, um pouco menores que nozes; coloque-as em uma folha de papel para biscoitos e achate ligeiramente. Aperte uma amêndoa em cada pedaço. Asse em forno preaquecido a 180ºC por 20 minutos ou até que a arte de baixo fique dourada. Retire do forno e deixe esfriar. Pulverize com o açúcar de

confeiteiro restante e sirva.
Nota: Os biscoitos ghurayba podem ficar um pouco moles ao saírem do forno, mas endurecem quando esfriam.

Turkey
Turquia
Membro da ONU desde 24 de outubro de 1945

Bariş

Simit (Rosquinhas de Gergelim)

Ingredientes:
2 ½ xícaras (chá) de farinha de trigo • 1/2 colher (chá) de sal • 1/2 xícara (chá) de margarina • 1 colher (sopa) de azeite • 1 colher (sopa) de leite • 1 colher (sopa) de água •1 ovo, batido • sementes de gergelim

Modo de preparo:
Coloque a farinha e o sal em uma tigela grande e faça um buraco no meio. Dentro deste buraco despeje a margarina, o azeite, o leite, a água e o ovo batido. Trabalhando pelo lado de fora e indo gradualmente para o meio, misture todos os ingredientes líquidos com a farinha até obter uma massa. Ela vai parecer meio oleosa, mas bem trabalhável. Com as mãos enfarinhadas, modele a massa em forma de anéis com o diâmetro de uma salsicha e coloque-as sobre papel manteiga. Pincele-as com leite e espalhe as sementes de gergelim. Asse em forno a 200ºC por aproximadamente 30 minutos ou até que estejam bem corados.

Middle East

Salam

United Arab Emirates
Emirados Árabes Unidos
Membro da ONU desde 9 de dezembro de 1971

Ra-gagg (Pão Assado)

Ingredientes:
4 xícaras (chá) de farinha de trigo • 1 1/2 colher (chá) de sal • água

Modo de preparo:
Coloque em uma tigela grande a farinha e o sal e adicione lentamente a água, para fazer uma massa grossa. Misture bem. Se a massa ficar muito firme, acrescente mais água para deixá-la ligeiramente macia, mas flexível. Cubra com pano molhado e deixe descansar por 12 horas. Use uma chapa grossa de ferro de assar tortilla, sem untar, para assar o pão sobre o calor. Uma vez quente, umedeça sua mão na água e pegue uma porção de massa. Coloque essa porção sobre a chapa de assar, pressione suavemente sobre toda a superfície com uma espátula de metal ou o lado de sua mão. Ponha a massa que cair fora da chapa de volta na tigela, para o próximo pão a ser assado. Quando as extremidades exteriores estiverem ligeiramente douradas, o pão estará assado. Remova da chapa com uma pá ou espátula.

Salam

Yemen
Iêmen
Membro da ONU desde 30 de setembro de 1947

Yemini Bread with Fenugreek Paste
(Pão com Patê de Feno-Grego)

Ingredientes:
10 g de fermento biológico seco • 1/2 xícara (chá) de água morna • 2 xícaras (chá) de farinha de trigo • 1/2 colher (chá) de sal • 2 xícaras (chá) de água

Modo de preparo:
Dissolva o fermento na água morna. Misture ao restante dos ingredientes; cubra e deixe descansar por 1 hora. Espalhe delicadamente 4 a 6 colheres (sopa) da massa macia em uma chapa de assar aquecida. Cozinhe por aproximadamente 4 minutos ou até dourar. Remova e mantenha morno até o momento de servir.
Nota: No Iêmen, o tempero usado geralmente é fenugreek, que forma a base de uma pasta (ou molho) chamada hulbah. Vai bem com zhug, um prato de entrada. Estes estão presentes em todas as refeições e são adicionados a quase toda comida salgada. A mistura de hulbah com zhug é empregada como molho para saladas e legumes, entre outros.

Patê de Fenugree k–hulbah

Ingredientes:
2 colheres (sopa) de feno-grego moído • 1 1/2 xícara (chá) de água ou a quantidade necessária

Modo de preparo:
Em uma tigela, misture o feno-grego e a água; deixe descansar por 2 horas. Escorra; adicione um pouco de água de cada vez e mexa até borbulhar. Mantenha refrigerado até uma semana e use como preferir.

A PAZ É O CAMINHO PARA SE CONSTRUIR UMA SOCIEDADE MAIS JUSTA.

Papa João Paulo II

Europe • UN country members

- Albania
- Andorra
- Austria
- Belarus
- Belgium
- Bosnia and Herzegovina
- Bulgaria
- Croatia
- Cyprus
- Czech Republic
- Denmark
- Estonia
- Finland
- France
- Germany
- Greece
- Hungary
- Iceland
- Ireland
- Italy
- Latvia
- Liechtenstein
- Lithuania
- Luxembourg
- Macedonia (The former Yugoslav Republic of)
- Malta
- Monaco
- Montenegro
- Netherlands
- Norway
- Poland
- Portugal
- Republic of Moldova
- Romania
- San Marino
- Serbia
- Slovakia
- Slovenia
- Spain
- Sweden
- Switzerland
- Ukraine
- United Kingdom - England
- United Kingdom - Northern Ireland
- United Kingdom - Scotland
- United Kingdom - Wales

Europe

O grande teatro do pão

Foi pela porta das duas maiores civilizações do Mediterrâneo, a grega e a romana, que o grão moído do trigo transformado em pão veio a ser o alimento primordial da Europa e, logo, do Ocidente. O pão foi o protagonista e o propulsor da ascensão e queda de impérios e de revoluções políticas e sociais; alimentou nobres e aldeões ao longo da Idade Média, se sofisticou, ficou mais alvo e macio, de farinha branca, e assim foi símbolo de status e divisor de classes sociais. Durante a Revolução Industrial, causou ainda mais rebuliços pela sua falta, com o abandono do campo pelas populações rurais, rumo às novas áreas de trabalho. Porém, no século passado, com o auge da mecanização e da automação, o pão finalmente viveu o milagre da multiplicação em larga escala, nas grandes redes de produção, abastecimento e distribuição. E, objetivamente, está presente na mesa do trabalhador europeu.

Para os gregos antigos, foi graças ao camponês anônimo em seu culto a Deméter (deusa-mãe da terra, da fertilidade do grão), que sua civilização e cidadania puderam vingar. O filósofo Platão atribui e compara o surgimento das muralhas e das cidades ao simultâneo crescimento dos cereais. Os homens cuidavam do trabalho pesado com a semeadura, o arado e a colheita. Mas não havia moleiros e sim apenas moleiras entre os gregos; eram as mulheres que se encarregavam da árdua transformação do grão na farinha, executando a tarefa em uma mó – um moinho feito de duas pedras redondas sobrepostas, movido com esforço braçal.

Os romanos da Antiguidade deram um importante passo, com a invenção das moendas circulares, os moinhos girados por tração animal, pela força de mão-de-obra escrava ou pelas águas. A invenção era tão genial que foi a base de toda a moagem dos cereais praticamente até o século XIX. Também entre os romanos se verificam as primeiras associações de padeiros; a padaria se fortalece como uma instituição pública e como ofício, retirando a produção do importante alimento do recesso doméstico. O entusiasmo pelas artes degustáveis saídas dos fornos dos padeiros da Roma pré-Cristã era tamanho que até uma deusa, de nome Fornax, era adorada em razão do pão!

Ainda os romanos – e mais tarde os franceses – começaram a desenvolver a panificação com verdadeiros requintes de arte decorativa, em múltiplos formatos e ênfase na qualidade e nos ingredientes que enriqueciam o produto. Escreve Ateneu, em Banquete dos Sofistas (século II de nossa Era), que os ajudantes de padeiros eram obrigados ao uso de luvas e máscara, "a fim de que não respingasse suor na massa, ou que a respiração não a estragasse".[9]

---

[9] Flávio Filóstrato, o Ateneu, Vida de Los Sofistas, trad. Maria Concepción Giner Soria (Madri: Gredos, 1998).

Nas diferentes regiões da Europa, a partir da Idade Média, o pão continua sendo o alimento mais representativo; mas sua forma de ser sovado, formatado e distribuído continuou sendo o espelho das questões sociais: classes de nobres e ricos comiam pães leves, brancos e fartos de manteiga na massa (como as receitas de massa folhada que os franceses e os austríacos aprimoraram); e havia o pão popular, duro, pesado e escuro, de farinha não refinada. Mesmo com o moinho eólico, contribuição dos holandeses na produção de farinhas, a Europa toda passaria por terríveis crises de fome. Sem grão não havia farinha que moer; má colheita, instabilidade climática ou guerras, aliadas a uma opressiva política de classes, significaram tenebrosos anos de fome.

Tendo sido o protagonista (direto e indireto) da maioria das revoluções na história da Europa, a exemplo da Queda da Bastilha, o "esplendor cerealista" sempre se manteve como ideário de sustentação em qualquer sistema social, ao longo de todo o processo, e de tantas outras transições político-econômicas, até nossos dias.

O lado prazeroso de tanta luta e labuta para se ter um quinhão de pão é que pelos quatro cantos do Velho Mundo foram se criando e se adaptando as mais deliciosas e magníficas variações de receitas, por meio dos grãos e suas farinhas. Pequenas e afastadas localidades, em muitos países, ainda produzem e se abastecem do pão do mesmo modo, como fizeram seus ancestrais, centenas de anos antes. Boulangeries francesas são a prova disso. Mas a era do supermercado, da economia de escala, está alterando muitos hábitos também no grande teatro da história do pão.

Hoje, na era da tecnologia e da abundância, os países de uma nova Europa desfrutam de quantidade e variedade em receitas de pães, em infinidades de tipos, como: os pães de levedura natural; as focaccias; as ciabattas; a própria pizza, que é um pão achatado, dos italianos; os pãezinhos com ovos e leite e muita manteiga, dos vienenses; a baguette (bastão, em francês), originária da Áustria e adaptada pelos franceses; a challah, pão rico em manteiga, ovos e frutas; os muffins ingleses, o baker soda. E mais as infinidades de brioches, de croissants de meia-lua, alguns com massa folhada (também de origem austro-húngara); pães com farinha muito alva, ou feitos de outras mais escuras; e de outros grãos, como os pães escandinavos e germânicos. Todos eles perfumando as boulangeries, as panitérias, ou as bakeries inglesas – casas sagradas dos elaboradores de pães e da eterna renovação e aliança da vida.

Europe

Albania
Albânia

Membro da ONU desde 14 de dezembro de 1955

Walnut Bread with Lemon Cheese
(Bolo de Nozes com Glacê de Limão)

Ingredientes:
1/2 xícara (chá) de manteiga, amolecida • 3/4 xícara (chá) de açúcar • 2 ovos ligeiramente batidos • 1/3 xícara (chá) de iogurte • 1/3 xícara (chá) de leite • 2 xícaras (chá) de farinha de trigo • 1 colher (chá) de fermento químico • 1 colher (chá) de bicarbonato de sódio • 1/2 colher (chá) de canela em pó • 1 colher (sopa) de raspas de limão • 1 xícara (chá) de nozes torradas, picadas
Cobertura: 3/4 xícara (chá) de água • 1 xícara (chá) de açúcar • 1/2 colher (chá) de canela em pó • ¼ xícara (chá) de suco fresco de limão • 1/4 de colher (chá) de especiarias mistas em pó • cravo-da-índia moído, a gosto

Modo de preparo:
Massa: Preaqueça o forno a 180ºC. Bata a manteiga e o açúcar em uma tigela grande. Adicione os ovos. Continue batendo. Em uma tigela separada, misture o iogurte com o leite. Em uma terceira tigela, misture a farinha, o fermento e o bicarbonato. Acrescente a mistura de iogurte e a mistura de farinha alternadamente à mistura de manteiga,

batendo bem. Acrescente as raspas de limão e a canela. Misture bem. Unte uma fôrma redonda. Coloque a massa e asse por 30 minutos, ou até que um palito saia seco do centro do bolo.
Cobertura: Misture todos os ingredientes por cerca de 15 minutos.
Finalização: Quando o bolo estiver pronto, retire-o do forno, despeje a cobertura sobre o bolo ainda quente e volte-o ao forno desligado por cerca de 10 minutos.

Andorra
Andorra

Membro da ONU desde 28 de julho de 1993

Fougassette (Pão de Laranja)

Ingredientes:
4 xícaras (chá) de farinha de trigo • 3/4 xícara (chá) de açúcar • 1 1/2 xícara (chá) de água morna • 1 colher (sopa) de fermento biológico seco • 1/4 xícara de azeite • 2 ovos • 1 colher (chá) de água de laranjeira • 1 pitada de sal

Modo de preparo:
Peneire metade da farinha e amasse com meia xícara de água morna e o fermento; faça uma bola de massa e deixe descansar por 2 a 3 horas em lugar quente, até que a massa duplique de volume.
Peneire o restante da farinha e incorpore uma pitada de sal; faça um buraco no centro e adicione os ovos, a água de laranjeira, o açúcar, a xícara de água restante e o azeite. Sove. Misture as duas massas até que fique bem lisa; deixe descansar por 3 horas. Dividida a massa e forme bolas do

tamanho de uma laranja. Abra as bolas de massa com o rolo, até ficar com espessura de 2 ou 3 cm. Asse em forno à temperatura de 180ºC, durante cerca de 15 minutos ou até que o fougassette esteja bem assado e com a superfície dourada

Europe

Frieden

Austria
Áustria
Membro da ONU desde 14 de dezembro de 1955

Brot (Pão Austríaco)

Ingredientes:
2 1/2 colheres (chá) de fermento biológico seco • 1 xícara (chá) de água • 3 colheres (sopa) de suco concentrado de frutas ou mel • 1 1/3 xícara (chá) de farinha de rosca • 2/3 xícara (chá) de farinha de centeio • 2 colheres (chá) de farinha de glúten • 1/3 xícara (chá) de gérmen de trigo • 1 colher (chá) de sal • 1/4 colher (chá) de ervas finas moídas • 1/2 colher (sopa) de óleo

Modo de preparo:
Dissolva o fermento na água, junte o suco de frutas ou o mel e deixe descansar por 15 minutos. Reserve. Misture as farinhas, o gérmen de trigo, o sal e as ervas finas. Adicione o óleo e o fermento reservado. Sove a massa até que fique lisa e homogênea. Deixe descansar até que dobre de volume. Modele um pão redondo e leve ao forno médio em assadeira untada, até que doure.

167

Europe

Belarus
Belarus
Membro da ONU desde 24 de outubro de 1945

Mir

Katywka (Bolinho de Pão Branco)

Ingredientes:
4 xícaras de farinha de trigo • 1 colher (chá) de sal • 2 gemas • 1 1/2 xícara (chá) de leite • 8 fatias de pão amanhecido, torrado ou frito, cortadas em cubos (cerca de 4 xícaras de chá)

Modo de preparo:
Coloque a farinha em uma tigela. Em outra tigela menor, bata levemente, o sal, as gemas e o leite. Derrame o líquido sobre a farinha e sove a massa até que ela fique lisa e brilhante e não pegajosa. Polvilhe com farinha e deixe descansar, coberta com um pano de prato ou plástico, por 1 hora ou mais (o sabor fica melhor). Forme bolinhos usando as mãos enfarinhadas. Acrescente os bolinhos à água fervente e cozinhe-os por 20 a 30 minutos, certificando-se de que eles não grudem na panela (ou uns nos outros). Retire da água e fatie um para verificar se estão cozidos no meio. Passe nos cubos de pão. Sirva imediatamente.

Belgium
Bélgica
Membro da ONU desde 27 de dezembro de 1945

Vrede/Paix

Cramique (Pão de Uvas Passas)

Ingredientes:
1 xícara (chá) de leite morno • 1/4 xícara (chá) de manteiga • 1/3 xícara (chá) de açúcar • 1 colher (chá) de sal • 20 g de fermento biológico seco • 1/2 xícara (chá) de água quente • 3 ovos • 5 xícaras (chá) de farinha de trigo • 1 xícara (chá) de uvas passas para pincelar: 1 ovo • 1 colher (sopa) de água

Modo de preparo:
Em uma tigela junte o leite, a manteiga, o açúcar e o sal. Em uma outra tigela grande, dissolva o fermento em água morna e junte com a mistura do leite. Bata os ovos e acrescente à mistura. Junte a farinha, gradualmente, para formar uma massa macia. Acrescente as passas e sove a massa por cerca de 10 minutos. Despeje a massa em uma tigela untada, cubra e deixe crescer até dobrar de tamanho. Separe a massa em três pedaços; modele cada pedaço em forma de uma lágrima. Com o dedo, faça um buraco no centro da parte redonda da lágrima., Cubra e deixe crescer até que a massa quase dobre de tamanho (45 minutos). Misture o ovo com a água e pincele as lágrimas. Asse por 45 minutos em forno a 200ºC, ou até que fiquem bem dourados. Deixe esfriar.

BELARUS

Europe

Bosnia and Herzegovina
Bósnia-Herzegovina
Membro da ONU desde 22 de maio de 1992

Mir

Burek (Massa Folhada com Páprica)

Ingredientes:
1 colher (sopa) de azeite de oliva • 1 cebola amarela média, descascada e cortada • 450 g de carne de boi moída • 1 colher (chá) de pimenta da jamaica • 2 colheres (chá) de páprica húngara • sal e pimenta-do-reino moída, a gosto • 1 caixa de massa folhada (cerca de 500 g) • 3/4 xícara (chá) de manteiga derretida

Modo de preparo:
Aqueça o azeite em uma frigideira grande. Refogue a cebola até que fique macia; adicione a carne moída, os temperos, e o sal e a pimenta-do-reino, a gosto. Cozinhe até que a carne esteja frita, mas não seca. Deixe que a carne esfrie completamente antes de continuar. Ponha 1 folha de massa folhada em uma tábua e pincele com um pouco de manteiga. Mantenha as folhas de massa folhada restantes cobertas com plástico para evitar que ressequem. Espalhe 1/3 de xícara (chá) da carne refogada ao longo da folha, sem chegar às extremidades. Faça um rolo com a mistura de carne em formato de charuto. Corte o rolo pela metade e enrole cada parte em formato de caracol. Coloque os caracóis sobre papel-manteiga em uma assadeira, pincele com manteiga e dobre o papel por cima para evitar que se desenrolem. Asse em um forno preaquecido a 200ºC por 15 a 20 minutos ou até dourar.

Europe

Mir

Bulgaria
Bulgária
Membro da ONU desde 14 de dezembro de 1955

Bulgarian Bread (Pão Búlgaro)

Ingredientes:
10 g de fermento biológico seco • 1/4 xícara (chá) de água morna • 1/4 xícara (chá) de trigo búlgaro misturado com grãos de soja • 1 1/4 de xícara (chá) de farinha de trigo • 1/2 xícara (chá) de farinha de rosca • 2 colheres (sopa) de mel • 1 colher (sopa) de óleo • 1 colher (sopa) de leite em pó • 1 colher (chá) de sal • 3/4 de xícara (chá) de água

Modo de preparo:
Misture o fermento com a água morna e o trigo búlgaro misturado com grãos de soja. Deixe descansar por 30 minutos. Acrescente os ingredientes restantes; faça uma massa e deixe crescer até que dobre de volume. Coloque em fôrma untada e leve ao forno preaquecido a 180ºC por 40 minutos.

Europe

Croatia
Croácia
Membro da ONU desde 22 de maio de 1992

Makovnjaca (Pão Recheado)

Mir

Ingredientes:
10 g de fermento biológico seco • 3/4 xícara (chá) de leite • 3 1/2 xícaras (chá) de farinha de trigo • 1/4 xícara (chá) de açúcar • 2 gemas • 1 colher (chá) de raspas de limão • baunilha a gosto • 6 colheres (sopa) de manteiga derretida • 1/4 colher (chá) de sal • 1 ovo para pincelar
Recheio: 2 xícaras (chá) de sementes de papoula 1 colher (chá) de raspas de limão • 3 colheres (sopa) de uvas passas • 1/2 xícara (chá) de açúcar • 1/2 colher (chá) de canela em pó
Calda: 1/2 xícara (chá) de nata doce • 4 colheres (sopa) de mel • 1 colher (sopa) rum

Modo de preparo:
Coloque o fermento para ativar em 1/4 de xícara de leite morno até começar a formar bolhas. Peneire a farinha em uma tigela funda. Faça um buraco no centro e coloque o fermento. Junte o leite restante, o açúcar, as gemas, as raspas de limão, a baunilha, a manteiga e o sal. Misture tudo muito bem e bata com uma colher de pau até que a massa comece a desgrudar da parede da tigela. Coloque em uma tigela untada; cubra com uma toalha úmida e deixe descansar em um lugar morno por 1 hora ou até que dobre de tamanho. Divida a massa em duas porções. Abra as porções, pincele com manteiga e recheie. Faça um rolo com cada massa. Coloque os dois rolos em uma fôrma de pão bem untada e deixe descansar por 30 minutos. Pincele os rolos com o ovo batido e asse em forno a 200ºC, por 1 hora ou até que fiquem dourados.
Calda: Aqueça a nata e misture ao mel e ao rum fazendo uma calda.
Finalização: Deixe esfriar, fatie e sirva com a calda.

Eiréne/Barış

Ingredientes:
4 xícaras (chá) de farinha de trigo • 3 colheres (chá) de fermento biológico seco • 1/2 colher (chá) de hortelã seca • 1 1/2 xícara (chá) de óleo de milho • 1/2 xícara (chá) de cebola picada • 1 1/2 xícara (chá) de azeitonas pretas, sem caroço e cortadas bem finas • 1 xícara (chá) de leite morno

Modo de preparo:
Misture a farinha, o fermento e a hortelã. Aqueça o óleo em uma frigideira e refogue a cebola e as azeitonas. Deixe esfriar e despeje sobre a mistura de farinha, fermento e hortelã. Sove bem a massa. Acrescente o leite morno e sove a massa

Mir

Cyprus
Chipre
Membro da ONU desde 20 de setembro de 1960

Eliot (Pão de Azeitona)

novamente. Cubra e deixe descansar por cerca de 1 hora. Unte uma fôrma de pão e coloque a massa. Asse em forno preaquecido a 200°C por cerca de 1 hora. Sirva quente ou frio.

Czech Republic
República Tcheca
Membro da ONU desde 19 de janeiro de 1993

Twisted Czech Orange Bread (Trança Laranja)

Ingredientes:
10 g de fermento biológico seco • 1/3 xícara (chá) de água morna • 1/3 xícara (chá) de leite morno • 1/3 xícara (chá) de manteiga ou margarina derretida • 1/3 xícara (chá) de açúcar • 2 colheres (chá) de raspas de casca de laranja • 3/4 colher (chá) de sal • 1/4 colher (chá) de macis moído • 2 1/3 a 3 xícaras (chá) de farinha de trigo • 1 ovo
Cobertura de mel de laranja: 2 colheres (sopa) de mel • 1 colher (sopa) de suco de laranja

Modo de preparo:
Em uma tigela grande dissolva o fermento em água morna. Adicione o leite morno, a manteiga, o açúcar, as raspas de laranja, o sal, o macis, uma xícara (chá) de farinha e misture bem. Misture o ovo e a farinha restante até formar uma massa macia. Despeje em superfície polvilhada e deixe por aproximadamente 4 a 6 minutos. Coloque a massa em uma tigela untada, virando-a para deixar a sua superfície úmida. Cubra e deixe crescer em temperatura ambiente até que dobre de tamanho, por aproximadamente 1 hora. Sove a massa e remova a superfície polvilhada. Divida a massa pela metade e faça um rolo de 75 cm com cada metade. Enrole os dois rolos para fazer uma longa corda e aperte as pontas com

os dedos. Ponha o pão em uma folha de papel-manteiga para assar. Cubra e deixe crescer em temperatura ambiente por aproximadamente 30 minutos. Asse em forno a 180°C por 30 a 35 minutos. Remova a folha e deixe esfriar. Pincele com a cobertura de mel de laranja.
Cobertura de mel de laranja: Misture os ingredientes e cozinhe em fogo baixo, mexendo sempre até ferver.

Europe

Denmark
Dinamarca
Membro da ONU desde 24 de outubro de 1945

Fred

Aebleskivers (Panquecas de Frutas)

Ingredientes:
3/4 de xícara (chá) de farinha de trigo • 2 colheres (chá) de fermento químico • 1/2 colher (chá) de sal • 1 colher (sopa) de açúcar • 2 gemas • 1 xícara (chá) de leite • 2 claras • 1 1/2 colher (chá) de óleo • 2 bananas ou 1 lata pequena de pêssegos, sem calda • açúcar de confeiteiro (opcional)

Modo de preparo:
Misture a farinha de trigo, o fermento, o sal e o açúcar. Bata as gemas e o leite e despeje sobre os ingredientes secos, mexendo até que tudo se misture. Bata as claras em neve e despeje na massa, misturando delicadamente. Aqueça uma panela de Aebleskiver (típica dinamarquesa) e coloque 1/2 colher (chá) de óleo e despeje a massa sobre 2/3 da superfície da panela. Cozinhe em fogo médio até que apareçam bolhas na massa. Vire com um garfo ou espátula e cozinhe o outro lado até que fique ligeiramente dourado. Para variar o sabor, acrescente uma fatia de banana ou pêssego a cada porção antes de virá-la. Se desejar, polvilhe açúcar de confeiteiro e sirva com manteiga, geléia ou mel.

Rahu

Estonia
Estônia
Membro da ONU desde 17 de setembro de 1991

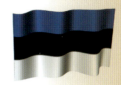

Pretzel

Ingredientes:
10 g de fermento biológico seco • 1 1/2 xícara (chá) de água morna • 1 colher (chá) de sal • 1 colher (sopa) de açúcar • 4 xícaras (chá) de farinha de trigo
Finalização: 1/4 xícara (chá) de bicarbonato de sódio • 12 xícaras (chá) de água • sal grosso para salpicar

Modo de preparo:
Dissolva o fermento na água morna. Junte o sal, o açúcar e a farinha. Misture até que a massa fique lisa. Deixe crescer dentro de uma tigela untada, durante 1 hora, até que dobre de tamanho. Pegue pedaços da massa e faça doze pretzels. Ferva as 12 xícaras de água com o bicarbonato de sódio. Ferva cada pretzel por 1 minuto nessa solução. Coloque sobre folhas de papel-manteiga, salpique o sal grosso e asse a 250°C, de 12 a 15 minutos. Eles assam rapidamente.

A PAZ É UM PROCESSO DIÁRIO, SEMANAL, MENSAL, QUE GRADUALMENTE MUDA AS OPINIÕES, LENTAMENTE ROMPE VELHAS BARREIRAS, SILENCIOSAMENTE CONSTRÓI NOVAS ESTRUTURAS.
John F. Kennedy

FRANCE

Rauha

Finland
Finlândia
Membro da ONU desde 14 de dezembro de 1955

Runebergin Tortut (Tortinhas de Framboesa)

Ingredientes:
5 xícaras (chá) de amêndoas moídas • 5 xícaras (chá) de miolo de pão doce • 200 g de margarina ou manteiga • 5 xícaras (chá) de açúcar • 2 ovos • 5 xícaras (chá) de farinha de trigo • 1 colher (chá) de fermento biológico seco • 1 colher (chá) de cardamomo moído • 2 1/2 xícaras (chá) de creme de leite fresco
Recheio: geléia de framboesa ou marmelada
Calda para umedecer: 5 xícaras (chá) de água • 2 1/2 xícaras (chá) de açúcar • 2 a 3 colheres (sopa) de licor de arrack ou rum
Cobertura: geléia de framboesa ou marmelada • 2 3/4 xícaras (chá) de açúcar cristal • 2 colheres (chá) de água ou suco de limão
Calda: Ferva a água e derreta o açúcar nela. Tempere com licor ou rum.
Cobertura: Misture o açúcar e a água ou o suco de limão em uma pequena tigela.

Modo de preparo:
Massa: Preaqueça o forno a 200ºC. Misture as amêndoas com o miolo de pão e reserve. Bata a margarina e o açúcar. Adicione um ovo de cada vez, batendo tudo muito bem. Adicione a farinha e o fermento e mexa. Acrescente o cardamomo, a mistura de miolo de pão e amêndoas, e finalmente

o creme de leite. Misture ligeiramente sem agitar muito. Unte forminhas de muffins e ponha um pouco da massa em cada uma. Deixe crescer um pouco. Usando a ponta do dedo enfarinhada, abra um buraco no meio do muffin. Coloque aproximadamente 1/2 colher (sopa) de geléia ou marmelada dentro de cada muffin. Asse-os em forno médio por cerca de 15 minutos.
Finalização: Umedeça os muffins assados, ainda quentes, com a calda. Depois de umedecidos e ainda quentes, coloque em cima de cada muffin 1/2 colher (chá) de geléia. Derrame a cobertura sobre a geléia e sirva.

Paix

France
França
Membro da ONU desde 24 de outubro de 1945

Baguette (Filão)

Ingredientes:
4 1/2 xícaras (chá) de farinha de trigo • 2 colheres (chá) de sal • 15g de fermento biológico fresco • 1 3/4 xícaras (chá) de água morna • óleo para untar a fôrma

Modo de preparo:
Coloque a farinha e o sal em uma tigela. Em uma outra tigela, dissolva o fermento na água morna. Despeje a metade da farinha com o sal, misture bem para obter uma massa e cubra. Deixe descansar durante 3 horas, até que a massa triplique de volume e esteja no ponto de quebrar. Junte lentamente o resto da farinha, misturando à mão, um pouco de cada vez, e coloque sobre uma superfície com farinha. Sove por mais ou menos 10 minutos, até que a massa esteja mole e elástica, e coloque em uma tigela ligeiramente untada. Cubra

com um pano e deixe fermentar até que fique com o dobro do volume, cerca de 1 hora. Sove de novo a massa sobre uma superfície com farinha. Divida em três partes e faça rolos de 33 cm a 35 cm de comprimento. Coloque as baguetes sobre um pano levemente enfarinhado, para que elas não percam seu formato. Cubra com um pano polvilhado com farinha ou um papel-manteiga untado e deixe descansar em temperatura ambiente por 45 a 60 minutos. Arrume os pães sobre uma fôrma untada, deixando bastante espaço entre eles. Asse em forno aquecido a 230ºC por 20 a 25 minutos. Retire assim que estiverem dourados.
Dica: Durante os 6 primeiros minutos de cozimento, coloque água em um vaporizador e borrife o forno a cada 2 minutos, tomando cuidado para não jogar água diretamente nos pães.

Europe

Germany
Alemanha
Membro da ONU desde 18 de setembro de 1973

Frieden

Schwarzbröt (Pão Preto)

Ingredientes:
2 1/2 xícaras (chá) de coalhada fresca • 1 xícara (chá) de xarope de bordo ou açúcar • 2 colheres (chá) de fermento biológico seco • 1/2 colher (chá) de sal • farinha de Graham, para tornar a massa espessa

Modo de preparo:
Misture todos os ingredientes. Coloque a massa em uma fôrma de pão, deixe crescer em local aquecido por 30 minutos. Asse em forno a 200ºC, por 45 a 60 minutos.

Greece
Grécia
Membro da ONU desde 25 de outubro de 1945

Eiréne

Tsoureki (Pão de Páscoa)

Ingredientes:
Ovos vermelhos: 3 ovos • corante vermelho • 1 colher (chá) de água quente • 1 colher (sopa) de vinagre branco • 1 colher (chá) de azeite de oliva
Massa: 450 g de farinha de trigo • 1 colher (chá) de calicanto (pimenta-da-Jamaica) • 1/2 colher (chá) de canela em pó • 1/2 colher (chá) de grãos de cominho • 1/2 colher (chá) de sal • 20 g de fermento biológico fresco • 1 xícara (chá) de leite morno • 50 g de manteiga sem sal • 3 colheres (sopa) de açúcar • 2 ovos
Cobertura: 1 gema batida • 1 colher (sopa) de mel • 1 colher (sopa) de água • amêndoas fatiadas

Modo de preparo:
Ovos vermelhos: Cozinhe os ovos em água fervente durante 10 minutos. Coloque sobre um escorredor e deixe secar. Em uma pequena tigela, dilua o corante na água quente junto com o vinagre. Mergulhe cada ovo no corante diluído, coloque sobre o escorredor e deixe secar. Unte um papel absorvente com o azeite e passe sobre cada ovo.
Massa: Em uma tigela, misture a farinha, o calicanto, a canela, os grãos de cominho e o sal. Em outra tigela, dilua o fermento no leite morno. Em uma terceira tigela, bata a manteiga com o açúcar e adicione os ovos, usando batedeira. Despeje delicadamente o fermento e a mistura de manteiga no centro da farinha, e misture tudo até obter uma massa. Coloque sobre uma superfície polvilhada com farinha e sove por cerca de 10 minutos, até que a massa esteja macia e elástica. Coloque a massa em uma tigela levemente untada, cubra com um pano e deixe crescer por volta de 2 horas até atingir o dobro de seu volume. Sove de novo, por 2 ou 3 minutos, sobre uma superfície com farinha; cubra e deixe dobrar de volume por 1 hora, aproximadamente. Sove e divida em três bolas. Enrole cada uma para obter uma tira de 38 cm a 50 cm de comprimento. Trance as três tiras e junte as extremidades para formar um anel. Coloque os 3 ovos tingidos sobre a massa, pressionando um pouco; cubra e deixe descansar por 1 hora. Misture a gema batida com o mel e a água, passe no pão e salpique com amêndoas fatiadas. Asse no forno aquecido a 190ºC por 40 a 45 minutos.

GERMANY

ICELAND

Béke

Hungary
Hungria
Membro da ONU desde 14 de dezembro de 1955

Hungarian Christmas Bread (Pão de Natal)

Ingredientes:
10 g de fermento biológico seco • 1 colher (chá) de açúcar • 2/3 xícara (chá) de água morna • 1 xícara (chá) de manteiga em temperatura ambiente • 1/4 xícara (chá) de açúcar • 1/2 colher (chá) de sal • 2 colheres (sopa) de raspas de limão • 1/4 xícara (chá) de leite em pó desnatado • 2 1/2 a 3 1/2 xícaras de farinha de trigo
Recheio: 1 xícara (chá) de sementes de papoula moídas • 1 xícara (chá) de açúcar • 1/2 xícara (chá) de uvas-passas • 1/2 xícara (chá) de leite • 1 ovo batido com 1 colher (chá) de água, para pincelar

Modo de preparo:
Massa: Em uma xícara, dissolva o fermento e o açúcar na água morna. Deixe descansar por alguns minutos. Enquanto isso, em uma tigela grande, junte a manteiga, o açúcar, o sal, 1 colher (sopa) de raspas de limão e o leite. Acrescente 2 1/2 xícaras de farinha, alternadamente, com a mistura de fermento. Bata bem. Sove a massa sobre uma superfície polvilhada, por uns 10 minutos, até que esteja lisa e sem grudar. Acrescente mais farinha se for necessário. Ponha a massa em uma tigela untada, virando-a para fique toda untada. Deixe crescer em local quente durante uma hora, até que a massa dobre de tamanho.
Recheio: Junte as sementes de papoula, o açúcar, as passas, o leite e o resto das raspas do limão. Cozinhe em banho-maria, até que a mistura esteja em consistência de espalhar. Mexa constantemente.

Ela deve engrossar em cerca de 10 minutos. Retire do fogo e deixe esfriar em temperatura ambiente.
Finalização: Abaixe a massa, divida-a na metade e abra cada pedaço em formato retangular médio. Espalhe o recheio em cada pedaço e enrole. Una as bordas, para que o recheio não saia. Coloque os rolos sobre papel-manteiga untado e pincele com a mistura de ovo e água. Cubra os rolos com papel parafinado, colocado por sobre copos, de maneira que o papel não toque a massa. Deixe crescer novamente por 30 minutos. Aplique a segunda camada de recheio. Asse os pães em forno aquecido a 200ºC por cerca de 1 hora. Se a parte de cima corar muito rapidamente, cubra com papel-alumínio. Deixe esfriar sobre uma grade.

Friður

Iceland
Islândia
Membro da ONU desde 19 de novembro de 1946

Laufabraud (Pães Fritos)

Ingredientes:
4 xícaras (chá) de farinha de trigo • 1 colher (sopa) de fermento químico • 1 colher (sopa) de açúcar • 1 colher (sopa) de manteiga derretida • 2 xícaras (chá) de leite fervido, quente • gordura quente para fritar

Modo de preparo:
Em uma tigela, junte a farinha, o fermento e o açúcar. Misture a manteiga e o leite até que se forme uma massa firme. Vire a massa sobre uma superfície untada e sove até ficar lisa. Divida a massa em quatro partes. Molde cada pedaço em formato de bola. Divida cada pedaço em partes para fazer 16 bolas, e então divida cada bola em 2 partes, para dar um total de 32. Cubra com papel-manteiga, e polvilhe com pouca farinha. Em uma superfície ligeiramente polvilhada, abra cada parte da massa para formar um círculo fino. Coloque os discos sobre papel-manteiga polvilhado. Em uma panela média, aqueça 3 dedos de gordura (gordura vegetal ou óleo de milho ou de amendoim; a receita original usa banha). Dobre as massas redondas, uma por vez, em quatro e, com uma faca de ponta afiada, faça pequenos recortes na massa. Frite os pães, até que fiquem dourados, em torno de 1 minuto cada lado. Retire e escorra em papel-toalha.

ITALY

Shíocháin

Ireland
Irlanda
Membro da ONU desde 14 de dezembro de 1955

Barm Brack (Pão Irlandês)

Ingredientes:
2 1/2 xícaras (chá) de frutas secas variadas • 1/2 xícara (chá) de uvas-passas pretas e claras • 4 colheres (chá) de geléia de sua preferência • 1 ovo • 1 xícara (chá) de chá preto quente • 1 xícara (chá) de açúcar refinado • 1 colher (chá) de pimenta-do-reino • 2 1/2 xícaras (chá) de farinha de trigo com fermento

Modo de preparo:
Misture as frutas secas com as uvas-passas e a geléia. Reserve. Em uma tigela, abra um buraco na farinha e coloque o ovo, o chá, o açúcar e a pimenta. Misture um pouco e adicione a mistura das frutas secas. Essa massa fica mole e pegajosa, ideal para ser feita em fôrma. Se preferir formar um pão, sove a massa com um pouco mais de farinha, até soltar das mãos. Asse em forno quente por 10 minutos; abaixe o forno para temperatura média e asse por mais 20 minutos, ou até dourar.

Pace

Italy
Itália
Membro da ONU desde 14 de dezembro de 1955

Focaccia (Pão Chato Italiano)

Ingredientes:
2 1/2 xícaras (chá) de farinha de trigo • 1 colher (sopa) de alecrim seco • 2 colheres (chá) de sal • 1/2 colher (sopa) de fermento biológico fresco • 3 colheres (chá) de óleo de oliva • 1 xícara (chá) de água morna • óleo de oliva para pincelar • sal grosso para polvilhar

Modo de preparo:
Misture cuidadosamente 1 1/2 xícara de farinha de trigo, o alecrim, o sal e o fermento em uma tigela grande. Acrescente o óleo e a água morna. Misture bem, batendo vigorosamente. Vá acrescentando a farinha restante para tornar a massa fácil de manusear. Vire a massa sobre uma superfície ligeiramente polvilhada. Sove a massa por 5 a 8 minutos ou até que fique lisa e elástica. Coloque em uma tigela untada; vire o lado untado para cima. Cubra e deixe crescer em local quente por cerca de 1 hora ou até que dobre de tamanho. (A massa está pronta se, ao pressioná-la com o dedo, a depressão se mantém.) Pincele uma fôrma de pizza. Abaixe a massa na fôrma de pizza. Faça depressões com os dedos na massa. Pincele com óleo e polvilhe com sal grosso. Deixe que a massa cresça, sem cobrir, em local quente, por 30 minutos. Aqueça o forno a 220ºC. Asse de 20 a 25 minutos ou até que esteja dourado. Pincele com óleo. Sirva quente.

Europe

Latvia
Letônia

Membro da ONU desde 17 de setembro de 1991

Latvian Cranberry Bread
(Pão de Frutas Vermelhas)

Miers

Ingredientes:
2 xícaras (chá) de farinha de trigo peneirada • 3/4 xícara (chá) de açúcar • 3 1/2 colheres (chá) de fermento químico • 1/2 colher (chá) de bicarbonato de sódio • 1/2 colher (chá) de sal • 1 ovo • 2 colheres (sopa) de raspas de laranja • 1/2 xícara (chá) de suco de laranja • 3 colheres (sopa) de manteiga derretida • 2 colheres (sopa) de água morna • 1 1/2 xícara (chá) de frutas vermelhas • 3/4 xícara (chá) de nozes cortadas

Modo de preparo:
Misture a farinha peneirada, o açúcar, o fermento, o bicarbonato e o sal em uma tigela grande. Bata ligeiramente o ovo em uma tigela pequena e misture com as raspas, o suco de laranja, as frutas vermelhas, as nozes, a manteiga e a água morna. Forme um pão e asse em forno a 180ºC por cerca de 50 minutos.

Liechtenstein
Liechtenstein

Membro da ONU desde 18 de setembro de 1990

Kugelhopf (Pão de Frutas)

Frieden

Ingredientes:
10 g de fermento biológico seco • 1/2 xícara (chá) de açúcar cristal • 1/2 xícara (chá) água morna • 4 xícaras (chá) de farinha de trigo • 1/2 xícara (chá) de manteiga derretida • 1 colher (sopa) de sal • 6 ovos • 3/4 xícara (chá) de uvas-passas claras • 1/2 xícara (chá) de amêndoas fatiadas

Modo de preparo:
Dissolva o fermento com o açúcar na água morna e deixe descansar. Distribua a farinha de trigo peneirada em duas tigelas. Reserve uma tigela. Na outra tigela, junte a manteiga, o sal e os ovos, um de cada vez, batendo até que misture completamente. Em grupos alternados, adicione a farinha reservada e a mistura de fermento. Bata até que fique uma massa homogênea e elástica; adicione as passas. Coloque em uma tigela grande, ligeiramente polvilhada, cubra com um pano de prato e deixe crescer em temperatura ambiente até que dobre de tamanho, por cerca de 1 hora e 30 minutos. Misture a massa novamente. Unte generosamente com manteiga uma fôrma de Kugelhopf tradicional ou uma fôrma canelada e espalhe uma parte das amêndoas ao redor e no fundo (a manteiga faz aderir). Pegue metade da massa com uma colher e coloque na fôrma,

espalhe o restante das amêndoas e adicione a massa restante. Deixe crescer novamente até que dobre de tamanho por cerca de 1 hora. Asse a 250ºC por 10 minutos; depois reduza a 180ºC e continue assando até que doure, por cerca de 40 a 45 minutos. Tire do forno e, após 3 minutos, retire da panela ou fôrma e coloque sobre uma superfície fria.

Taika

Lithuania
Lituânia
Membro da ONU desde 17 de setembro de 1991

Lavash (Pão de Glúten)

Ingredientes:
1 colher (sopa) de fermento biológico seco • 1/2 colher (sopa) de açúcar • 3/4 xícara (chá) de farinha de trigo • 3/4 xícara (chá) de farinha de glúten • 1/2 colher (sopa) de sal • água
Cobertura (opcional): sementes de papoula • sementes de gergelim • 1 ovo batido com 1 colher (sopa) de água

Modo de preparo:
Misture o fermento e o açúcar com um pouco de água morna. Bata bem; cubra e deixe crescer por cerca de 10 a 15 minutos, até que fique espumoso. Misture as farinhas e o sal em uma tigela; coloque a mistura do fermento e adicione água suficiente para formar uma massa flexível. Misture por 10 minutos. Ponha em uma tigela e borrife a superfície com água. Cubra e deixe crescer pelo menos por 1 hora. Preaqueça o forno a 190ºC. Sove a massa e divida em dez pedaços. Abra cada pedaço em uma tábua. Coloque em uma assadeira, cuidando para que não fiquem juntos. Asse por 20 minutos ou até que fique quebradiço e dourado.

Cobertura (opcional): Adicione sementes de papoula e gergelim, usando uma mistura de ovo para a cobertura aderir à superfície do pão.

Paix/Frieden

Luxembourg
Luxemburgo
Membro da ONU desde 24 de outubro de 1945

Grompereknidelen (Bolinhos de Batata)

Ingredientes:
1 1/2 xícara (chá) de purê frio de batatas • 2 ovos batidos • 1/4 xícara (chá) de farinha de trigo • 1/4 colher (chá) de fermento químico • 1/2 colher (chá) de sal

Modo de preparo:
Misture todos os ingredientes. Forme bolas em superfície polvilhada. Ponha as bolas em água salgada (com 1 colher (chá) de sal). Cubra e deixe ferver por 25 minutos. Guarneça com miolos de pão dourados na manteiga.

A LEI PRIMEIRA E FUNDAMENTAL DA NATUREZA É BUSCAR A PAZ.
Thomas Hobbes

Europe

Macedonia (The former Yugoslav Republic of)
Macedônia
Membro da ONU desde 8 de abril de 1993

Burek (Pãezinhos Recheados)

Ingredientes:
10 g de fermento biológico seco • 1/4 xícara (chá) de água morna • 1/4 colher (chá) de açúcar • 3 1/3 xícaras (chá) de farinha de trigo • 1/2 colher (chá) de sal • 3/4 xícara (chá) de água morna • 1/2 tablete de manteiga derretida
Recheio: 9 ovos ligeiramente batidos • 350 g de queijo feta esmigalhado • 3 colheres (sopa) de manteiga derretida

Modo de preparo:
Unte uma forma grande e redonda. Prepare o fermento com 1/4 de xícara de água morna e o açúcar. Reserve. Em uma tigela grande misture a farinha e o sal, deixando um espaço no centro e despeje aí a mistura de fermento. Misture todos esses ingredientes com as mãos e vá acrescentando lentamente os 3/4 de xícara de água morna. Sove a massa por cerca de 10 minutos, formando uma bola de consistência média. Reparta essa massa em catorze partes iguais, formando bolas. Cubra as e deixe-as descansar por 1 hora para que a massa cresça. Derreta a manteiga. Abra cada uma das bolas sobre uma superfície polvilhada, formando círculos de aproximadamente 10 cm de diâmetro e pincele-os com a manteiga derretida. Faça quatro cortes, começando pelas bordas de cada círculo, tomando o cuidado de parar antes de atingir o centro. Coloque o recheio e dobre cada quarto em direção ao centro do círculo, para que se pareça com um cata-vento. Repita o processo com os demais círculos. Pincele generosamente o restante da manteiga sobre os cata-ventos e coloque-os na fôrma previamente untada. Em seguida, cubra com um pano de prato e ponha a fôrma em banho-maria com água bem quente por cerca de 20 minutos. Asse em forno preaquecido a 180°C por 45 minutos ou até que fiquem dourados.

Malta
Malta
Membro da ONU desde 1o de dezembro de 1964

Hobz (Pão Maltês)

Ingredientes:
5 xícaras (chá) de farinha de trigo • 1 colher (sopa) de sal • 15 g de margarina • 25 g de fermento biológico seco • 1 3/4 xícaras (chá) de água morna • 1 colher (sopa) de açúcar • 1 colher (sopa) de leite • 1 ovo para pincelar

Modo de preparo:
Misture a farinha, o sal e a margarina. Acrescente o fermento. Faça uma mistura de água morna, açúcar e leite. Acrescente à farinha e trabalhe bem a mistura, até que forme uma massa branca e elástica. Coloque em uma tigela, sele com filme de PVC e com um pano de prato úmido; coloque em lugar quente por cerca de 1 hora. Sove a massa; corte em pedaços pequenos (50 g). Coloque em uma assadeira, pincele com o ovo e deixe descansar por cerca de 15 minutos. Asse em forno a 230°C por 12 a 15 minutos.

MACEDONIA

Europe

Monaco
Mônaco

Membro da ONU desde 28 de maio de 1993

Monaco Muffins (Bolinhos de Manteiga)

Paix

Ingredientes:
1/3 xícara (chá) de manteiga sem sal • 1/2 xícara (chá) de açúcar • 1 ovo • 1 1/2 xícara (chá) de farinha de trigo • 1 1/2 colher (chá) de fermento químico • 1/2 colher (chá) sal • 1/4 de colher (chá) noz-moscada • 1/2 xícara (chá) de leite
Cobertura: 1/2 xícara (chá) de açúcar • 1 colher (chá) de canela em pó • 1/2 xícara (chá) de manteiga sem sal, derretida

Modo de preparo:
Preaqueça o forno a 180°C. Unte forminhas (para empadinhas). Misture bem a manteiga, o açúcar e o ovo. Adicione a farinha de trigo, o fermento, o sal e a noz-moscada. Junte o leite e misture. Encha mais ou menos 2/3 das forminhas com a massa. Asse por 20 a 25 minutos ou até que fique dourado. Cobertura: Misture o açúcar e a canela. *Finalização:* Imediatamente após assar, passe os muffins na manteiga derretida e depois no açúcar e canela. Sirva quente.

Montenegro
Montenegro

Membro da ONU desde 1o de novembro de 2000

Proja (Pão de Milho)

Mir

Ingredientes:
5 xícara farinha de milho • 3 xícara farinha de trigo • 3 ovos • e xícara óleo • 2 colh. sopa de fermento químico • 1 xícara yogurt • 1 copo de água mineral • 1 fatia grande de queijo (parmesão) ralado sal a gosto.

Modo de preparo:
Misturar todos os ingredientes juntos e assar em forma de anel (altura da massa-5cm), em forno médio até dourar. Servir com creme de leite.

Vrede

Netherlands
Holanda
Membro da ONU desde 10 de dezembro de 1945

Ducht Brood (Pão Holandês)

Ingredientes:
Massa: 1 xícara (chá) de açúcar • 2/3 xícara (chá) de margarina derretida • 3 ovos pequenos • 1 colher (sopa) de manteiga • 2 xícaras (chá) de farinha de trigo • 1 colher (chá) de fermento químico • 3/4 colher (chá) de sal • 1 colher (chá) de essência de baunilha • 2 xícaras (chá) de maçã fatiada
Cobertura: 2 colheres (chá) de açúcar • 2 colheres (sopa) de farinha de trigo • 2 colheres (sopa) de manteiga

Modo de preparo:
Massa: Preaqueça o forno a 180ºC. Unte uma fôrma de bolo inglês. Bata o mel e a margarina; acrescente os ovos e a manteiga até ficar com consistência de creme. Em uma tigela, misture a farinha, o fermento e o sal. Misture ao creme. Adicione a baunilha e as fatias de maçã.
Cobertura: Misture os ingredientes.
Finalização: Coloque a massa na fôrma, adicione a cobertura e leve ao forno. Asse por 1 hora. Deixe esfriar por 10 minutos. Se preferir, sirva com canela em pó polvilhada.

Fred

Norway
Noruega
Membro da ONU desde 27 de novembro de 1945

Lefser (Pão Chato Norueguês)

Ingredientes:
1 1/2 xícara de água fervente • 2 colheres (sopa) de manteiga derretida • 1/2 colher (chá) de sal • 1 xícara (chá) de farinha de centeio • 1 xícara (chá) de farinha de trigo • 1 xícara (chá) de farinha de trigo integral

Modo de preparo:
Preaqueça o forno a 200ºC. Em uma tigela grande misture a água, a manteiga, o sal, a farinha de centeio e a farinha de trigo e bata bem. Acrescente a farinha de trigo integral e bata até que obtenha uma massa lisa. Divida a massa em quatro partes. Corte cada porção em quatro. Polvilhe uma superfície e abra cada parte de massa em retângulos finos. Se preferir, use um rolo para abrir e moldar a massa. Coloque dois ou três retângulos em papel-manteiga não untado. Asse em forno preaquecido por 3 a 5 minutos. Não deixe ficar completamente corado. Deixe esfriar.
Nota: Existem muitos tipos diferentes deste pão chato. Esta versão deve permanecer macia em vez de crocante; daí o nome Lefser, ou bolo macio.

Mir

Poland
Polônia
Membro da ONU desde 24 de outubro de 1945

Placek Swiatecznya (Bolo de Frutas)

Ingredientes:
5 ovos • 1 1/4 xícara (chá) de açúcar cristal • 10 g de fermento químico • 100 g de nozes-pecãs picadas • 100 g de uvas-passas • 120 g de doce de casca de laranja, bem picado • 2 xícaras (chá) de farinha de trigo • sal a gosto • 250 g de manteiga • raspas de cascas de 1 limão • 5 ml de extrato de baunilha • ¼ xícara (chá) de vodca ou conhaque

Modo de preparo:
Preaqueça o forno a 175ºC. Bata os ovos com o açúcar na batedeira por cerca de 5 minutos em velocidade alta. Misture as nozes, as passas e o doce de laranja com 2 colheres (sopa) de farinha. Misture a farinha restante com o fermento e o sal. Coloque a manteiga, as raspas de limão e o extrato de baunilha, e bata até que a massa fique macia. Junte a vodca ou conhaque e adicione a mistura de ovo gradualmente, batendo constantemente. Adicione a mistura de farinha e bata por 5 minutos. Acrescente a mistura de nozes e frutas na massa. Despeje em uma fôrma untada e polvilhada (assadeira ou anel). Asse a 175ºC por 1 hora. Espere 10 minutos, retire da fôrma e deixe esfriar completamente. Embrulhe em papel-filme e reserve por 2 dias antes de servir.

Europe

Portugal
Portugal
Membro da ONU desde 14 de dezembro de 1955

Pão de Milho Português

Paz

Ingredientes:
1 1/2 xícara (chá) de amido de milho • 1 1/2 colher (chá) de pimenta-do-reino moída • 1 1/2 colher (chá) de sal • 1 xícara (chá) água quente • 10 g de fermento biológico seco • 1 colher (chá) de açúcar • 1/4 xícara (chá) de água morna • 2 colheres (sopa) de azeite de oliva • 2 xícaras (chá) de farinha de trigo

Modo de preparo:
Misture uma xícara (chá) de amido de milho, a pimenta e o sal na batedeira. Adicione a água quente e bata até que fique uma massa lisa. Deixe descansar por aproximadamente 20 minutos. Adicione o fermento misturado com o açúcar, a água morna e metade do azeite. Adicione o amido de milho restante, uma xícara (chá) de farinha de trigo e misture até que fique uma massa lisa e homogênea, por cerca de 5 minutos. Cubra a tigela com um pano úmido e deixe descansar em temperatura ambiente até crescer por cerca de 45 minutos. Coloque o resto do azeite em uma tigela, misture a farinha de trigo restante e a massa já crescida. Misture em uma superfície polvilhada até que fique lisa e elástica, por cerca de 5 minutos. Faça uma bola, ponha na fôrma e achate para encher o fundo. Cubra com um pano de prato e deixe crescer até que dobre de tamanho, por cerca de 50 minutos. Preaqueça o forno a 180°C, asse o pão por cerca de 45 minutos ou até que fique com a superfície levemente dourada. Sirva morno ou em temperatura ambiente. Pode ser feito na véspera. Deixe esfriar, embrulhe e, quando for servir, aqueça embrulhado em papel-alumínio no forno em temperatura alta, por cerca de 15 minutos.

Republic of Moldova
Moldova
Membro da ONU desde 2 de março de 1992

Medovik (Pão de Mel)

Páce/Mir

Ingredientes:
420 g de mel • 8 ovos • 6 colheres (sopa) de manteiga • 2 xícaras (chá) açúcar • 6 xícaras (chá) farinha de trigo • 2 colheres (chá) de fermento químico • 2 colheres (chá) de bicarbonato de sódio • 2 colheres (chá) de canela em pó • suco de 1 laranja • 1 xícara (chá) café forte • 1 xícara (chá) de nata azeda • 1 xícara (chá) de nozes picadas

Modo de preparo:
Aqueça o mel até que ferva e esfrie-o. Separe os ovos, reservando as claras. Bata as gemas com a manteiga até que fique fofo. Adicione o mel frio e bata bem até que esteja misturado. Ponha o açúcar e misture bem. Peneire a farinha, o fermento, o bicarbonato, a canela e acrescente à mistura do mel. Adicione o suco de laranja, o café e a nata azeda e mexa até que toda a farinha esteja dissolvida. Bata as claras em neve e adicione na massa, misturando sem bater. Ponha as nozes picadas. Coloque em uma fôrma de pão untada com manteiga e polvilhada. Asse em forno preaquecido a 180°C por 1 hora. Não

abra a porta do forno durante os primeiros 30 minutos. Quando terminado, deixe esfriar por 10 minutos e retire da fôrma.

PORTUGAL

SAN MARINO

Páce

Romania
Romênia
Membro da ONU desde 14 de dezembro de 1955

Rumanian Almot Bread (Pão de Amêndoas)

Ingredientes:
Recheio de amêndoa: 1/3 xícara (chá) de pasta de amêndoa • 1/3 xícara (chá) de amêndoas cortadas em fatias finas • 1 ovo • 1 colher (chá) de raspas de casca de limão
Massa: 2 1/2 a 3 xícaras (chá) de farinha de trigo • 1/3 xícara (chá) de açúcar • 10 g de fermento biológico seco • 1 colher (sopa) de raspas de casca limão • 3/4 colher (chá) de sal • 1/2 xícara (chá) de leite morno • 1/4 xícara (chá) de água morna • 1/4 xícara (chá) de manteiga ou margarina derretida • 1 gema • 2 ovos

Modo de preparo:
Recheio de amêndoas: Em uma tigela, misture a pasta de amêndoa, as amêndoas, o ovo e as raspas de limão. Bata com um garfo.
Massa: Em uma tigela grande, misture 1 xícara (chá) de farinha, o açúcar, o fermento, as raspas de limão e o sal. À parte, misture o leite, a água e a manteiga derretida. Gradualmente adicione o líquido aos ingredientes secos e bata por 2 minutos na batedeira em velocidade média. Adicione a gema, 1 ovo inteiro e 1/2 xícara (chá) de farinha e bata por 2 minutos em velocidade alta. Com uma colher, coloque a farinha restante, mexendo sempre até que a massa fique macia. Despeje em uma superfície lisa e polvilhada e sove até que fique lisa, por cerca de 5 minutos. Cubra e deixe descansar em temperatura ambiente até que dobre de volume. Sove novamente a massa em superfície polvilhada por 20 minutos. Remova

a massa da superfície polvilhada, divida-a em três pedaços iguais e abra a massa no formato de um retângulo. Esparrame 1/3 do recheio de amêndoas sobre cada retângulo e faça um rolo apertando as extremidades. Faça uma trança com as partes da massa já recheadas e enroladas e coloque em uma fôrma de anel untado. Deixe crescer em temperatura ambiente até que dobre de tamanho (20 a 40 minutos). Bata 1 ovo com uma colher (sopa) de água e pincele a superfície da trança. Asse a 180ºC por 35 a 40 minutos. Retire do forno e deixe esfriar.

Pace

San Marino
San Marino
Membro da ONU desde 2 de março de 1992

Pane al Burro e Latte (Pão de Manteiga e Leite)

Ingredientes:
20 g de fermento biológico fresco • 3/4 xícara (chá) de leite morno • 4 xícaras (chá) de farinha de trigo • 1/2 xícara (chá) de água • 30 g de manteiga • 1 colher (chá) de sal • 1 colher (sopa) de açúcar

Modo de preparo:
Dissolva o fermento em metade do leite morno. Misture todos os outros ingredientes em uma batedeira, por 5 a 10 minutos. Quando a massa estiver lisa e elástica, coloque em uma tigela grande ligeiramente untada. Polvilhe com farinha e cubra a bola com um pano de prato. Deixe a massa crescer em local quente, livre de correntes de ar por 2 horas ou até que a massa tenha dobrado de tamanho. Abaixe a massa para reduzi-la a seu volume original. Preaqueça o forno a 200ºC. Corte a massa em dez ou doze pedaços e modele-os. Deixe-os crescer por 30 a 40 minutos. Asse em fogo baixo por 15 minutos ou até que os pães estejam dourados.

Europe

Serbia
Sérvia
Membro da ONU desde 1o de novembro de 2000

Potica (Pão de Nozes)

Ingredientes:
10 g de fermento biológico seco • 1/4 xícara (chá) de água morna • 3/4 xícara (chá) de leite quente (fervido e esfriado) • 1/2 xícara (chá) de manteiga ou margarina, amolecida • 3 ovos • 1/4 xícara (chá) de açúcar • 1/2 colher (chá) de sal • 4 1/2 a 5 xícaras (chá) de farinha de trigo ou polvilho • 1 colher de chá de pó de café
Recheio de nozes: 2 1/2 xícaras (chá) de nozes bem picadas • 1 xícara (chá) de açúcar mascavo • 1/3 xícara (chá) de manteiga ou margarina, amolecida

Modo de preparo:
Dissolva o fermento em água morna em uma tigela grande. Acrescente o leite, a manteiga, os ovos, o açúcar, o sal e 3 xícaras de farinha. Bata até que fique uma massa lisa. Vá incorporando a farinha restante para fazer uma massa fácil de trabalhar com as mãos. Vire a massa em superfície ligeiramente polvilhada; sove amassa até que fique lisa e elástica, por cerca de 5 minutos. Coloque-a em uma tigela untada; vire a massa na tigela para untar toda a superfície. Cubra, deixe crescer em local quente até que dobre de tamanho, por 1 hora a 1 hora e 30 minutos. Abaixe a massa, dividindo-a em dois pedaços. Abra cada metade em um retângulo de 45 cm X 30 cm, em superfície polvilhada. Espalhe metade do recheio de nozes sobre cada retângulo. Enrole bem apertado como rocambole, começando com um lado de 45 cm. Aperte a borda da massa para que fique bem selada. Alongue os rolos para fazê-los maiores. Com as bordas seladas viradas para baixo, arrume sobre assadeiras ligeiramente untadas. Cubra, deixe crescer por cerca de 1 hora até que dobrem de tamanho. Preaqueça o forno a 180ºC. Asse por cerca de 35 a 40 minutos até que fiquem dourados. Pincele com manteiga.

Europe

Mier

Slovakia
Eslováquia
Membro da ONU desde 19 de janeiro de 1993

Paska (Pão de Páscoa)

Ingredientes:
2 kg de farinha de trigo integral • 200 g de manteiga ou margarina • 3 g de fermento biológico seco • 1 xícara (chá) de água • 3 ovos • 1 1/2 xícara (chá) de leite • 2 xícaras (chá) de água quente • 8 colheres (sopa) de mel • 2 colheres (sopa) de açúcar • 1 colher (sopa) de sal

Modo de preparo:
Coloque a farinha de trigo em uma tigela bem grande e reserve. Aqueça o forno em temperatura mínima por 15 minutos; desligue e coloque a travessa com a farinha, tampada, por 1 hora para aquecer, antes de começar. Amasse a manteiga ou a margarina na farinha, e mantenha a mistura aquecida. Em uma tigela de vidro grande, dissolva o fermento na água morna e bata com os ovos em temperatura ambiente. Ferva o leite, deixe esfriar ligeiramente e adicione a água quente. Acrescente a essa mistura os ovos, o fermento, depois o mel, o açúcar (se preferir mais doce, adicione um pouco mais de açúcar) e o sal. Espere fermentar. Lentamente, acrescente a farinha morna; passe óleo nas mãos e sove a massa por 15 minutos. Coloque em uma travessa grande, cubra com tule e deixe a massa crescer no forno aquecido (desligado) até que dobre de tamanho. Sove novamente massa, até que fique lisa e elástica. Corte em três gomos. Unte fôrmas para pão. Modele os três gomos em pães, ponha nas fôrmas. Passe a ponta da faca por toda a superfície da massa (estriando); deixe crescer em um local quente até que dobre de tamanho. Pincele com ovo batido. Asse em forno a 250°C, por 30 minutos. Quando estiver pronto, passe manteiga por todo o pão para manter a casca macia.
Dica: O ovo batido pincelado na massa antes de assar faz tudo parecer brilhante e dourado, como se fosse envernizado.

Mir

Slovenia
Eslovênia
Membro da ONU desde 22 de maio de 1992

Flancati (Pãezinhos Trançados)

Ingredientes:
1 1/4 xícaras (chá) de farinha de trigo • 40 g de manteiga derretida • 4 colheres (sopa) de nata azeda • 3 colheres (sopa) de rum • 2 ovos • 2 colheres (sopa) de vinho branco • 1 pitada de sal • óleo para fritar • 1/4 xícara (chá) de açúcar • baunilha em pó

Modo de preparo:
Misture todos os ingredientes (exceto o óleo para fritar, o açúcar e a baunilha), até formar uma massa lisa e flexível. Deixe a massa descansar por 1 hora. Faça rolos do tamanho de uma faca em uma superfície lisa e polvilhada e forme tranças firme, mas sem puxar muito a massa para não rasgar. Frite em óleo a 160°C, aos poucos, até que fiquem dourados. Polvilhe com açúcar e baunilha.

Uma pequena pessoa, dedicando todo seu tempo à paz, realiza coisas novas. Muitas pessoas, dedicando um pouco de seu tempo à paz, podem fazer história.
Charles Chaplin

Europe

Spain
Espanha

Membro da ONU desde 14 de dezembro de 1955

Paz

Ensaimadas (Pãezinhos de Toucinho)

Ingredientes:
1 xícara (chá) de leite • 1 1/2 colher (chá) de fermento biológico seco • 2 colheres (chá) de açúcar • 1 colher (chá) de sal • 2 ovos • 4 xícaras de farinha de trigo • 50 g de toucinho

Modo de preparo:
Aqueça o leite, acrescente o fermento, o açúcar e o sal; mexa e deixe descansar por 10 minutos em um lugar quente. Acrescente os ovos bem batidos. Coloque a farinha em uma tigela grande, faça um furo no centro e derrame a mistura líquida. Misture com as mãos para formar uma massa. Reserve em um lugar quente para que a massa cresça, coberta com um pano de prato ligeiramente umedecido. Quando dobrar de tamanho (cerca de 1 hora), vire sobre uma superfície polvilhada e sove a massa delicadamente com as mãos polvilhadas. Divida em dez ou doze pedaços e faça bolas. Umedeça os lados ligeiramente e junte as extremidades para formar pães ovais. Esfregue cada um com bastante toucinho e reserve em local quente para crescer. Quando dobrar de tamanho novamente (por 30 a 45 minutos), transfira cuidadosamente para uma folha de papel-manteiga untada. Asse a 250ºC, por 20 minutos, ou até que estejam bem dourados. Sirva quente ou frio.

Sweden
Suécia

Membro da ONU desde 19 de novembro de 1946

Fred

Gänga Kardemumma (Trança de Cardamomo)

Ingredientes:
2 colheres (sopa) de fermento biológico fresco • 1/2 xícara (chá) de água morna • 1/2 xícara (chá) de leite fervido • 1/4 xícara (chá) de açúcar • 1/2 colher (chá) de sal • 1/4 xícara (chá) de óleo vegetal • 1 ovo • 3 1/2 a 4 xícaras (chá) de farinha de trigo • 1 colher (chá) de cardamomo • 1/2 xícara (chá) de uvas-passas, pretas ou claras

Modo de preparo:
Junte o fermento e a água morna até que fique dissolvido. Despeje o leite quente sobre o açúcar para dissolvê-lo. Acrescente o sal e o óleo. Deixe esfriar. Coloque na mistura do fermento o ovo, 3 xícaras (chá) de farinha e o cardamomo; junte a mistura de açúcar. Acrescente as passas e a farinha restante. Bata bem até que a massa fique lisa e vire-a em uma superfície levemente polvilhada. Sove a massa até que fique lisa e elástica. Coloque em uma tigela levemente untada, cubra com um pano de prato úmido e deixe crescer em local quente por cerca de 1 hora até ela dobrar de tamanho. Abaixe a massa e transfira para uma superfície ligeiramente polvilhada. Divida em três pedaços. Enrole cada parte como uma corda de 20 cm de comprimento aproximadamente. Faça tranças soltas. Coloque em uma folha de papel-manteiga ligeiramente untada. Cubra e deixe crescer em local quente por cerca de 1 hora até que dobre de tamanho. Asse em forno a 180ºC por 30 a 35 minutos.

SPAIN

Europe

Switzerland
Suíça
Membro da ONU desde 10 de setembro de 2002

Frieden/Pace/Paix

Pain de Lucern (Pão de Gengibre)

Ingredientes:

suco de 3 limões • 1 xícara (chá) de creme de leite fresco • 1 xícara (chá) de purê de pêra • 1 xícara (chá) de açúcar • 1/4 xícara (chá) de mistura de especiarias (anis-estrelado, cravo-da-índia, canela em pó, gengibre) • 1 colher (chá) de bicarbonato de sódio • 5 xícaras (chá) de farinha de trigo integral • 1/2 xícara (chá) de nozes grosseiramente picadas

Modo de preparo:

Junte o suco de limão e o creme de leite e deixe agir por alguns minutos. Misture com o purê de pêra, o açúcar, as especiarias e o bicarbonato de sódio. Acrescente a farinha. Bata bem a massa e acrescente as nozes. Coloque em uma forma de fundo removível (24 cm de diâmetro, 6 cm de altura) e asse em forno a 190°C por 50 minutos.

Mir

Ukraine
Ucrânia
Membro da ONU desde 24 de outubro de 1945

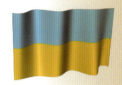

Kolach (Pão Natalino)

Ingredientes:
1/4 de xícara (chá) de açúcar cristal • 1 xícara (chá) de água morna • 20 g de fermento biológico seco • 2 xícaras (chá) de leite morno • 3 ovos grandes ligeiramente batidos • 1 colher (chá) de sal • 2 colheres (sopa) de manteiga derretida • 8 a 9 xícaras (chá) de farinha de trigo peneirada • 1 ovo inteiro batido com 2 colheres (sopa) de água para pincelar • 2 colheres (sopa) de semente de papoula

Modo de preparo:
Dissolva uma colher (chá) de açúcar na água e misture o fermento. Deixe a mistura em repouso por cerca de 10 minutos. Em uma tigela grande, junte a mistura de fermento com o leite, os ovos, o açúcar restante, o sal e a manteiga. Acrescente 3 xícaras (chá) de farinha de trigo e bata até que fique uma massa lisa. Cubra a massa e deixe crescer por cerca de 1 hora em local aquecido. Gradualmente, misture a farinha de trigo restante até que forme uma massa macia. Vire a massa sobre uma superfície ligeiramente polvilhada e trabalhe a massa até que fique lisa e elástica. Coloque a massa em uma tigela untada, virando uma vez para cobri-la com óleo. Cubra e deixe crescer por cerca de 1 hora ou até que dobre de tamanho. Abaixe a massa e deixe crescer por mais 1 hora ou até que dobre de tamanho. Divida a massa em três partes iguais. Sobre uma superfície polvilhada, divida uma porção em três partes iguais. Torça cada porção como corda. Trance as três cordas juntas. Junte as pontas para formar um anel trançado, deixando o centro aberto. Repita o processo de torcer e de trançar com as duas porções restantes da massa. Coloque os pães em folhas de papel-manteiga untadas. Cubra e deixe crescer até que quase dobre de tamanho. Pincele os pães com a mistura de ovo batido com água e espalhe as sementes de papoula. Asse em forno aquecido a 200°C por cerca de 45 minutos ou até que as superfícies que fiquem douradas.

UNITED KINGDOM - ENGLAND

Peace

United Kingdom - England
Reino Unido - Inglaterra
Membro da ONU desde 24 de outubro de 1945

English Barley Bread (Pão de Cevada Inglês)

Ingredientes:
1 colher (chá) de fermento biológico fresco • 1 xícara (chá) de água • 2 colheres (sopa) de óleo • 2 xícaras (chá) de farinha de trigo • 1/2 xícara (chá) de farinha de cevada • 1/2 xícara (chá) de farinha de trigo integral • 3 colheres (sopa) de melado ou açúcar mascavo • 3 colheres (sopa) de leite em pó desnatado • 1 colher (chá) de sal • 3/4 colher (chá) de canela em pó

Modo de preparo:
Preaqueça o forno a 180ºC. Dissolva o fermento na água. Acrescente os ingredientes restantes. Bata até obter uma massa consistente e homogênea. Coloque em fôrma de pão untada. Asse por 40 minutos aproximadamente.

Peace

United Kingdom - Northern Ireland
Reino Unido - Irlanda do Norte
Membro da ONU desde 24 de outubro de 1945

Irish Bread (Pão Irlandês)

Ingredientes:
3 xícaras (chá) de farinha de trigo • 2 colheres (sopa) de fermento químico • 1 colher (chá) de bicarbonato de sódio • 1/2 colher (chá) de sal • 12 colheres (sopa) de manteiga fria • 2 xícaras (chá) de uvas-passas • 1 ovo • 1/2 xícara (chá) de mel • 1 xícara (chá) de creme de leite

Modo de preparo:
Preaqueça forno a 180ºC. Peneire a farinha e misture o fermento, o bicarbonato e o sal em uma tigela grande. Corte a manteiga em pedaços pequenos e adicione. Bata vigorosamente. Adicione as passas e distribua uniformemente usando dois garfos. Reserve. Em outra tigela bata o ovo até ficar espumoso. Misture ao mel e bata. Quando tudo estiver bem misturado, bata com o creme de leite. Gradualmente despeje os líquidos à mistura reservada, mexendo o tempo todo com garfo, para a massa ficar umedecida uniformemente. Unte com manteiga uma fôrma redonda de 25 cm a 30 cm de diâmetro. Despeje a massa com uma colher para encher a fôrma delicadamente. Asse por cerca de 1 hora. Corte um pedaço para testar, se necessário.

Europe

United Kingdom - Scotland
Reino Unido - Escócia
Membro da ONU desde 24 de outubro de 1945

Peace

Scottish Gooseberry Bread
(Pãozinho Escocês de Groselha)

Ingredientes:
1/3 xícara (chá) de groselhas • 5 colheres (sopa) de suco fresco de laranja • 1 1/2 xícara (chá) de farinha de trigo • 2 colheres (sopa) de açúcar • 1/2 xícara (chá) de manteiga sem sal • açúcar para polvilhar

Modo de preparo:
Preaqueça o forno a 180°C. Unte ligeiramente uma folha de papel-manteiga retangular. Ferva as groselhas e 4 colheres (sopa) de suco de laranja, em uma panela pequena. Mexa, retire do fogo e deixe esfriar. Misture a farinha e o açúcar em uma tigela grande. Corte a manteiga e misture com a farinha até que a mistura se pareça com uma farofa. Junte a mistura de groselha e o restante do suco de laranja. Misture até que a massa fique bem homogênea. Abra a massa sobre a folha de papel manteiga. Corte as bordas e use as sobras para deixar os cantos quadrados. Prense a superfície inteira com garfo. Polvilhe com açúcar. Corte em 24 quadrados, deixando-os sobre o papel manteiga. Asse até que fiquem dourados claros, por 20 a 22 minutos. Corte enquanto estiver morno.

Europe

Tangnef

United Kingdom - Wales
Reino Unido - País de Gales
Membro da ONU desde 24 de outubro de 1945

Oat Loaf (Pão de Aveia)

Ingredientes:
1 1/2 xícara (chá) de farinha de trigo • 1 1/4 xícara (chá) de mingau de aveia • 1/4 xícara (chá) de açúcar • 1 colher (sopa) de fermento químico • 1 colher (chá) de creme tártaro • 1/2 colher (chá) de sal • 2/3 xícara (chá) de manteiga sem sal derretida • 1/3 xícara (chá) de leite • 1 ovo bem batido • 1/2 xícara (chá) de uvas-passas

Modo de preparo:
Aqueça o forno a 250ºC. Unte uma folha de papel-manteiga. Junte a farinha, o mingau, o açúcar, o fermento, o creme tártaro e o sal, em uma tigela grande. Em outra tigela, misture a manteiga, o leite e o ovo. Acrescente a mistura aos ingredientes secos e mexa até que fique bem umedecida. Misture as passas. Modele a massa no formato de bola e abra-a em uma superfície ligeiramente polvilhada e forme um círculo. Usando uma faca afiada, corte em 12 fatias. Transfira para o papel-manteiga e asse até ficar levemente dourado, por cerca de 12 minutos.

O CORAÇÃO EM PAZ VÊ UMA FESTA EM TODAS AS ALDEIAS.
Provérbio Índio

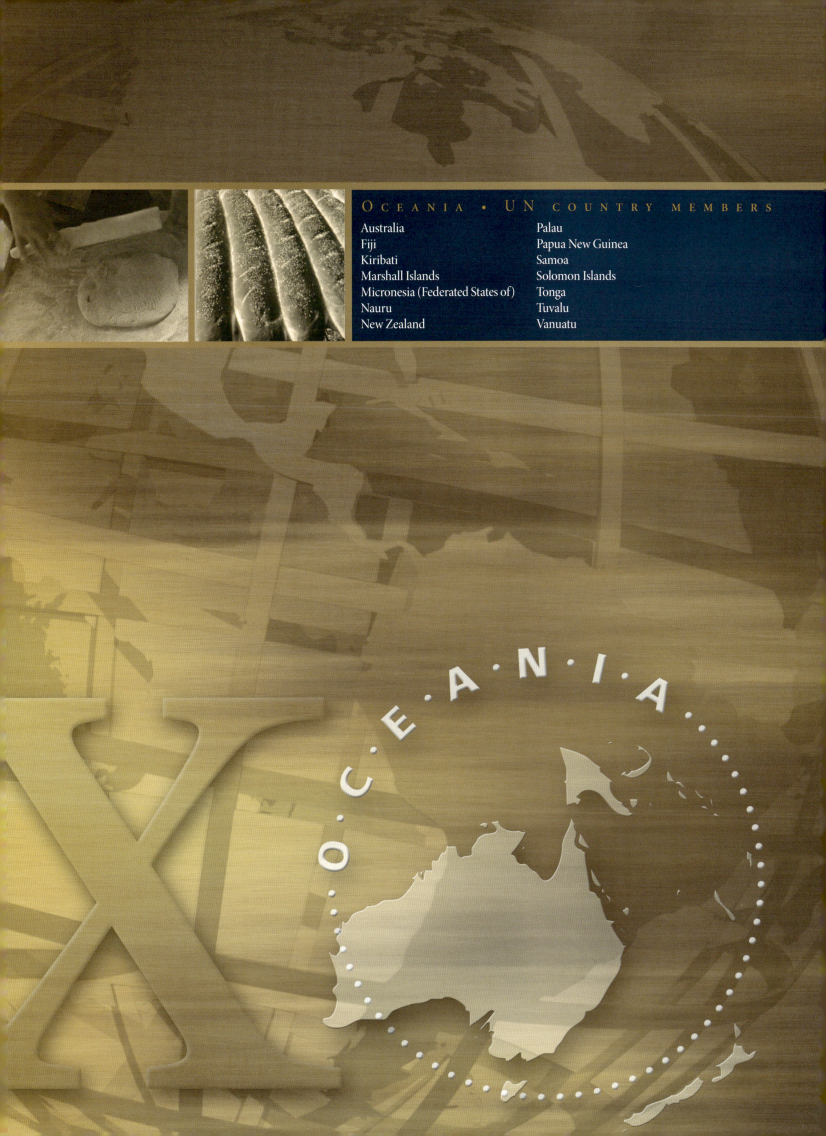

Oceania · UN country members

Australia	Palau
Fiji	Papua New Guinea
Kiribati	Samoa
Marshall Islands	Solomon Islands
Micronesia (Federated States of)	Tonga
Nauru	Tuvalu
New Zealand	Vanuatu

Oceania

O mais jovem descendente no Império do Pão

Os confins do Pacífico, envolvendo os territórios continentais da Oceania, foram os últimos no mapa dos intercâmbios alimentícios e culturais do planeta. A tardia ocupação européia, no final do século XVIII, tentará com incontáveis esforços transformar o continente no que os primeiros exploradores denominariam de "Novas Europas". As ilhas do Sudeste Asiático, especialmente a Austrália e a Nova Zelândia, ganharam no início da colonização, na primeira metade do século XIX, um semblante bem distinto da Velha Europa, onde o cará, a abóbora, a batata e as frutas mediterrâneas tinham muito mais sucesso do que os tradicionais grãos de centeio, cevada e milho.

Na rápida colonização, em médio prazo, o pão foi se estabelecendo como alimentação primordial das novas populações substituindo as culturas indígenas de inhame e cará. Ironicamente, nos documentos do início da Austrália, como colônia do Reino Unido e para onde eram degredados prisioneiros britânicos, consta que muitos deles ali estavam por terem furtado pão.

Até a primeira década de 1900, a panificação na Austrália era toda artesanal e caseira. E praticamente todo pão que ali se conhecia não levava fermento; era o pão feito de levedura natural, o sourdough, como é conhecido. Atualmente uma onda de naturalismo e busca por uma alimentação saudável tem retomado a antiga tradição dos pães "naturais" – damper, na expressão local –, sem fermento químico, como também os de grãos integrais e centeio.

Os primeiros desbravadores australianos e neozelandeses, permanecendo a maior parte do tempo longe de suas casas, a céu aberto, viram-se obrigados a desenvolver uma técnica própria de preparo dos pães. Esses pioneiros viajavam semanas, tendo por provisão apenas um saco de farinha de trigo ou centeio e, para cozinhar, a fogueira dos acampamentos.

O pão era originalmente constituído apenas de farinha, água e um bom punhado de sal, que eram misturados e formatados em uma bola, e assado sobre a fogueira dos acampamentos. O que completava a refeição costumava ser um pedaço de charque ou carne seca e frita. Às vezes, lambuzavam seus pedaços de damper com uma espécie de xarope de glicose de milho; e uma caneca de chá misturado a uma dose de rum acompanhava o pão.

Hoje, especialmente as grandes cidades desse jovem continente exibem enorme variedade de pães, seus requintes e facilidades para obtê-los. Nas décadas posteriores à Segunda Guerra, com o incentivo da imigração vinda das mais diferentes origens, nos anos 60 e 70, a arte da panificação assumiu contornos semelhantes aos do Ocidente contemporâneo. Quase todo o suprimento de farinha de trigo era importado. Na mesma época, a emergência dos supermercados mudava os hábitos em direção à comodidade dos pães industrializados, fatiados e embalados, geralmente feitos de farinha branca e refinada.

Pão fresco e quente, crocante ou macio e dourado de manteiga e ovos, deixou de ser um luxo e passou a ser oferecido por uma crescente variedade de boulangeries e padarias ao estilo vienense ou italiano, a partir dos anos 70. Já vai longe o tempo da instalação dos primeiros hotéis de luxo, no sul da Austrália, quando um grande chef italiano, incumbido da cozinha e dos fornos, lamentava-se horrorizado, pois leu em uma crônica da época, que seria um verdadeiro milagre encontrar um pedaço de pão decente, em uma terra perdida e devastada como aquela. E na virada para o século XXI, padarias independentes ao lado de franquias do ramo competem e dividem proporcionalmente o abastecimento de pães com as redes de supermercados, que por sua vez também providenciam padarias no estilo europeu em suas lojas. Nesse meio-tempo, o pioneiro sourdough voltou a freqüentar, triunfante e com muito estilo, as vitrines e balcões de todas as padarias.

W. Eugene Smith - Time Life Pictures - Getty Images - 1950

Oceania

Australia
Austrália

Membro da ONU desde 1o de novembro de 1945

Peace

Australian Damper (Pão Australiano)

Ingredientes:
2 xícaras (chá) de farinha de trigo • 1/2 colher (chá) de sal • 2 colheres (chá) de açúcar • 3 colheres (sopa) de manteiga • 1 xícara (chá) de leite (ou cerveja)

Modo de preparo:
Misture a farinha, o sal e o açúcar em uma tigela. Acrescente a manteiga. Adicione o leite para formar uma massa macia. Sove suavemente sobre superfície polvilhada até a massa ficar lisa. Modele a massa no formato de pães redondos; pincele com leite. Asse a 200ºC por 30 a 40 minutos.

Este pão, feito por nativos do sertão australiano, pode ser assado em fogo aberto ou em forno regular. Como é uma receita típica de quem prepara, existem muitas versões. Uma delas é usar cerveja em vez de leite e enrolar a massa em torno de uma vareta e assar em fogo aberto. No Brasil, os caçadores fazem esse mesmo pão e o denominam "pão de caçador".

Fiji
Fiji

Membro da ONU desde 13 de outubro de 1970

Vinaka dina/Peace

Ma-Chole Ki Dal Ka Parantha (Panquecas)

Ingredientes:
1 1/2 xícara (chá) de farinha de trigo integral • 1 xícara (chá) de sobra de Ma-Chole Ki Dal • 1/2 colher (chá) de sal • água suficiente • manteiga derretida

Modo de preparo:
Misture todos os ingredientes e sove a massa por 2 minutos. Faça uma bola grande, cubra e deixe descansar por cerca de 15 minutos. Coloque um pouco de água e sove a massa por mais 3 minutos. Pressione para deixar achatado e espalhe um pouco da manteiga derretida. Com um pouco de farinha, abra a massa como uma panqueca fina. Asse sobre uma chapa quente, até ficar levemente dourada. Repita o procedimento com outras porções até terminar a massa.

AUSTRALIA

Oceania

Kiribati
Kiribati
Membro da ONU desde 14 de setembro de 1999

Raoi/Peace

A Sponge Cake from Kiribati (Pão-de-ló)

Ingredientes:
3 ovos • 1 pitada de sal • 1 xícara (chá) de farinha de trigo • 3/4 xícara (chá) de açúcar • 1 colher (chá) de fermento químico • 50 g de manteiga derretida

Modo de preparo:
Bata os ovos com o sal. Acrescente o açúcar e bata até que fique grosso. Peneire a farinha e o fermento juntos. Adicione na mistura. Ponha a manteiga e misture. Despeje em fôrma redonda de bolo untada. Asse a 190ºC por cerca de 25 a 30 minutos. Deixe esfriar por 10 minutos antes de retirar da fôrma.

Marshall Islands
Ilhas Marshall
Membro da ONU desde 7 de setembro de 1991

Peace

Sweet Bread with Orange and Cashew (Pão Doce de Laranja e Caju)

Ingredientes:
2 colheres (sopa) de margarina ou manteiga • 1 xícara (chá) de mel • 1 ovo bem batido • 1 colher (sopa) de raspas de laranja • 2 1/2 xícaras (chá) de farinha de trigo • 1 colher (chá) de sal • 1 colher (sopa) de fermento químico • 1/2 colher (chá) de bicarbonato de sódio • 3/4 xícara (chá) de suco de laranja • 3/4 de xícara (chá) de castanhas de caju picadas

Modo de preparo:
Bata a margarina e junte o mel aos poucos, batendo bem. Acrescente o ovo e as raspas de laranja. Peneire juntos a farinha, o fermento, o sal e o bicarbonato. Adicione à mistura de mel alternadamente com o suco de laranja. Junte as castanhas e mexa bem. Asse em uma fôrma untada, em forno moderado, por cerca de 1 hora. Deixe esfriar. Embrulhe em papel-alumínio. Esse pão é mais fácil de cortar no dia seguinte.

Oceania

Peace

Micronesia (Federated States of)
Micronésia
Membro da ONU desde 17 de setembro de 1991

Baking Powder Potato Bread (Pão de Batata)

Ingredientes:
6 xícaras (chá) de farinha de trigo • 1 colher (chá) de açúcar • 1 colher (chá) de sal • 4 colheres (chá) de fermento químico • 1 batata cozida • leite • manteiga para pincelar

Modo de preparo:
Peneire a farinha junto com o açúcar, o sal e o fermento químico. Amasse a batata. Adicione leite o suficiente para fazer uma massa lisa e macia. Misture rapidamente e ponha em uma fôrma untada. Pincele a superfície com manteiga derretida. Asse imediatamente por 45 minutos a 200°C. Quando assado, tire da fôrma e embrulhe num pano de prato até que esfrie.

Oceania

Nauru
Nauru

Membro da ONU desde 14 de setembro de 1999

Omo omo/Peace

Nauru Easter Spice Biscuits
(Biscoitos de Páscoa)

Ingredientes:
1 3/4 xícaras (chá) farinha de trigo • 1/2 xícara (chá) açúcar mascavo • 2 colheres (chá) de temperos (veja abaixo) • 1 pitada de sal • 160 g de manteiga fria • açúcar de confeiteiro para polvilhar
Temperos: 2 colheres (chá) de canela em pó • 1/2 colher (chá) de cardamomo moído • 1/4 colher (chá) de cravo-da-índia moído • 1/4 colher (chá) de gengibre moído • 1 colher (chá) de ervas finas

Modo de preparo:
Misture a farinha, o açúcar e os temperos. Adicione o sal e a manteiga até que forme uma massa firme. Deixe descansar na geladeira durante 24 horas. Abra a massa em uma superfície polvilhada e corte nos formatos e tamanhos desejados. Asse em forno a 160°C por cerca de 20 a 25 minutos. Deixe esfriar e polvilhe com açúcar de confeiteiro.

New Zealand
Nova Zelândia

Membro da ONU desde 24 de outubro de 1945

Peace/Rongo

Bran Muffins (Bolinhos de Mel)

Ingredientes:
1 colher (chá) de bicarbonato de sódio • 1 xícara (chá) de leite • 1 xícara (chá) de farinha de trigo • 1 colher (chá) de fermento químico • 2 colheres (chá) de sal • 1 ovo • 4 colheres (chá) de mel • 1 colher (sopa) de manteiga • 1/2 xícara (chá) de farelo de trigo • 6 colheres (sopa) de açúcar • 1 xícara (chá) de uvas-passas ou tâmaras

Modo de preparo:
Preaqueça o forno a 220°C. Dissolva o bicarbonato no leite. Peneire a farinha e ponha o fermento e o sal juntos. Bata bem o ovo e adicione a mistura de leite e bicarbonato. Adicione o mel e a manteiga, que devem ser aquecidos juntos para derreter a manteiga. Acrescente os ingredientes secos e misture rapidamente. Coloque em fôrmas para muffin untadas e asse por 12 a 15 minutos.
Nota: Esta é uma receita com mel simples da Nova Zelândia. Os bolinhos podem ser servidos com manteiga, quente ou fria.

Obáng ungíl/Peace

Palau
Palau
Membro da ONU desde 15 de dezembro de 1994

Anzac Biscuits (Biscoitos de Coco)

Ingredientes:
1/2 xícara (chá) de manteiga • 1 colher (sopa) de mel • 3/4 xícara (chá) de farinha de trigo • 1/2 xícara (chá) de açúcar • 2/3 xícara (chá) de coco ralado adocicado • 3/4 xícara (chá) de mingau de aveia • 1 colher (chá) de gengibre • 1 colher (chá) de bicarbonato de sódio • 1 colher (chá) de água morna

Modo de preparo:
Aqueça o forno a 180ºC. Unte ligeiramente uma folha de papel de assar biscoitos. Derreta a manteiga e o mel em uma panela, em fogo baixo; reserve. Misture a farinha, o açúcar, o coco ralado, o mingau de aveia e o gengibre em uma tigela. Acrescente o mel derretido e o bicarbonato de sódio dissolvido na água morna. Misture a massa. Divida a massa em bolas e coloque-as separadamente na folha de assar, achatando a superfície com um garfo. Asse os biscoitos por 15 a 18 minutos até que fiquem dourados.

PAPUA – NEW GUINEA

Taim billong sikan/ Gutpela taim/ Peace

Papua New Guinea
Papua Nova Guiné
Membro da ONU desde 10 de outubro de 1975

Paw Paw Scones
(Bolachas de Paw Paw)

Ingredientes:
1 colher (sopa) de manteiga • 1/2 xícara (chá) de açúcar • 1 ovo • 300 ml de purê de paw-paw • 2 a 2 1/2 xícaras (chá) de farinha de trigo

Modo de preparo:
Misture a manteiga, o açúcar e o ovo. Bata bem. Adicione o purê de paw-paw e misture bem. Coloque a farinha peneirada para fazer uma massa firme. Abra a massa em superfície polvilhada e corte com cortador imerso em farinha. Asse em forno quente a 230ºC por cerca de 15 a 20 minutos.

Inga lelei/Peace

Samoa
Samoa
Membro da ONU desde 15 de dezembro de 1976

Girl Scout Samoa Cookie Knockoffs
(Pãezinhos Trançados)

Ingredientes:
10 g de fermento biológico seco • 1/4 xícara (chá) de água morna • 1/3 xícara (chá) de açúcar • 1/4 xícara (chá) de manteiga ou margarina • 1 colher (chá) de sal • 1 xícara (chá) de leite fervente • 1 ovo grande, ligeiramente batido • 4 1/2 xícaras (chá) de farinha de trigo • 2 colheres (sopa) de manteiga ou margarina derretida para pincelar

Modo de preparo:
Em uma tigela grande, dissolva o fermento na água morna. Adicione o açúcar, 1/4 xícara de manteiga ou margarina e o sal ao leite quente e mexa bem até que o açúcar se dissolva e a manteiga ou margarina derreta. Deixe esfriar um pouco. Adicione o leite à mistura de fermento e bata com o ovo. Bata com 4 xícaras de farinha, uma xícara por vez, para formar uma massa macia. Sove ligeiramente por 5 minutos, trabalhando com a farinha restante (para polvilhar a massa e as mãos). Coloque a massa em uma tigela untada e aquecida e vire a parte untada para cima. Cubra e deixe crescer, em um lugar quente, até dobrar de tamanho, por cerca de 1 hora e 30 minutos. Abaixe a massa e sove novamente por 4 a 5 minutos em superfície ligeiramente polvilhada. A massa estará pegajosa, mas coloque a menor quantidade possível de farinha em suas mãos e na massa, do contrário os enroladinhos não ficarão tão leves quanto devem ser. Modele pequenas quantidades da massa e coloque-os enfileirados, não muito perto uns dos outros, em uma fôrma bem untada. Cubra e deixe crescer em lugar quente, por cerca de 30 a 40 minutos. Pincele os enroladinhos com manteiga ou margarina derretida e asse em forno quente a 200ºC por 18 a 20 minutos ou até que estejam bem dourados. Sirva quente com bastante manteiga.

Oceania

Solomon Islands
Ilhas Salomão
Membro da ONU desde 9 de setembro de 1978

Peace

Solomon Bread (Pão Salomão)

Ingredientes:
1/2 xícara (chá) de farinha de centeio ou farinha de aveia • 2 xícaras (chá) de farinha de trigo • 1 colher (chá) de sal • 1 colher (chá) de malte ou melado • 1 xícara (chá) de água • 4 colheres (chá) de sementes de trigo moídas • 4 colheres (chá) de sementes de linhaça ligeiramente torradas • 2 colheres (chá) de sementes de gergelim levemente torradas • 1 colher (chá) de óleo vegetal • 1 1/2 colher (chá) de fermento biológico seco

Modo de preparo:
Peneire as farinhas e o sal em uma tigela, adicione o malte ou melado até que a mistura se assemelhe a miolo de pão. Junte à mistura a água e os outros ingredientes. Despeje em uma tábua ligeiramente polvilhada; sove ligeiramente. Coloque a massa em uma fôrma untada e deixe aumentar uns 20 cm. Faça dois cortes no topo da massa em forma de cruz. Pincele água na superfície e polvilhe com farinha. Asse em forno quente por 10 minutos ou até ficar dourado, reduza o calor para moderado, e asse mais cerca de 15 minutos. Sirva morno com mel.

Peace

Tonga
Tonga

Membro da ONU desde 14 de setembro de 1999

Stuffed Toasts (Torradas Recheadas)

Ingredientes:
2 ou 4 fatias de pão garimpeiro, de 3 cm de espessura • 2 bananas • 1/3 xícara (chá) de açúcar • 1 colher (chá) de canela em pó • 1 ovo • 1/4 xícara (chá) de leite • 1/2 colher (chá) de essência de baunilha • óleo ou gordura vegetal para fritar • creme chantili e xarope de bordo (opcional)

Modo de preparo:
Dependendo do tamanho das fatias de pão, corte um bolso de 3 cm em um lado de cada fatia. Corte as bananas na metade transversalmente e divida cada pedaço no sentido do comprimento. Recheie com dois pedaços de banana cada bolso do pão. Se as fatias forem menores, use quatro pedaços. Reserve. Misture o açúcar e a canela. Reserve. Misture o ovo, o leite e a baunilha até que fique tudo bem misturado. Aqueça o óleo ou gordura vegetal em uma panela. Mergulhe o pão recheado no ovo e na mistura de leite, deixando de molho alguns minutos para que penetre no pão. Frite em óleo ou em gordura vegetal quente até que fiquem ligeiramente dourados, virando uma vez para fritar do outro lado, por cerca de 3 minutos. Escorra em papel toalha ou em uma grelha. Polvilhe com açúcar e canela. Se desejar, cubra com creme chantili e sirva com xarope de bordo.

Oceania

Tuvalu
Tuvalu
Membro da ONU desde 5 de setembro de 2000

Aussie Beer Bread (Pão de Cerveja)

Puke tonu

Ingredientes:
3 xícaras (chá) de farinha de trigo • 1/2 xícara (chá) de açúcar • 1 pitada de sal • 1 lata de cerveja • manteiga para pincelar

Modo de preparo:
Misture todos os ingredientes para formar uma massa semi-seca. Coloque em frigideira polvilhada com farinha. Frite por 30 a 40 minutos. Pincele a superfície com manteiga.

Vanuatu
Vanuatu
Membro da ONU desde 15 de setembro de 1981

Aussie Damper (Pão de Leite)

Gutpela taim/ Peace/Paix

Ingredientes:
3 xícaras (chá) de farinha de trigo • 1 1/2 colher (chá) de sal • 90 g de manteiga • 1/2 xícara (chá) de água • 1/2 xícara (chá) de leite • farinha de trigo para polvilhar

Modo de preparo:
Em uma tigela, peneire a farinha e o sal; coloque a manteiga e amasse até que a mistura fique parecida com uma farofa. Adicione a água e o leite; misture ligeiramente. Despeje em uma superfície polvilhada com farinha; sove ligeiramente. Ponha a massa em uma fôrma redonda, untada e enfarinhada. Abra um círculo de 15 cm de diâmetro e com uma faca afiada faça dois cortes em forma de cruz (1 cm a 1,5 cm de profundidade). Pincele a superfície com leite e ponha um pouco de farinha peneirada por cima. Asse em forno quente por 10 minutos ou até que fique dourado. Reduza o calor para moderado e asse por mais 15 minutos aproximadamente. Sirva morno com manteiga ou mel.

VANUATU

> Não existe um caminho para a paz;
> a paz é o caminho.
> Mahatma Gandhi

Robert Nickelsberg - Getty Images - 2004

Nobel Peace Prize

Considerado o prêmio mais prestigiado do mundo pela preservação da paz, segundo o *Oxford Dictionary of Contemporary World History*, o Prêmio Nobel da Paz, desde 1901, reconhece pessoas e instituições que tenham contribuído significativamente na promoção do processo de paz. É um legado do testamento do inventor da dinamite, Alfred Nobel, cuja vontade expressa era a de premiar todos os anos "aqueles que, durante o ano anterior, tenham dotado a humanidade de maiores benefícios" nas áreas de literatura, física, química, medicina e ações em prol da manutenção e promoção dos tratados de paz e fraternidade entre as nações. O prêmio é entregue em cerimônia oficial na cidade de Oslo, Noruega, no dia 10 de dezembro, data da morte de Alfred Nobel.

Relação dos Premiados

1901 SUÍÇA – JEAN HENRI DUNANT, fundador da Cruz Vermelha. E FRANÇA - FRÉDÉRIC PASSY, ativista pacifista, fundador da primeira Sociedade Francesa para a Paz.

1902 SUÍÇA - ÉLIE DUCOMMUN, Secretário do Bureau Internacional Permanente para a Paz. E CHARLES ALBERT GOBAT, Secretário Geral da União Interparlamentar.

1903 REINO UNIDO - SIR WILLIAM RANDAL CREMER, secretário da Liga Internacional de Arbitragem.

1904 BÉLGICA - INSTITUTO DE DIREITO INTERNACIONAL.

1905 ÁUSTRIA - BERTHA SOPHIE FELICITAS BARONIN VON SUTTNER, escritora e presidente honorária do Bureau Internacional Permanente para a Paz.

1906 ESTADOS UNIDOS DA AMÉRICA - THEODORE ROOSEVELT, presidente dos Estados Unidos, por promover o Tratado de Paz entre Rússia e Japão.

1907 ITÁLIA - ERNESTO TEODORO MONETA, presidente da Liga Lombarda para a Paz. E FRANÇA - LOUIS RENAULT, professor de Direito Internacional.

1908 SUÉCIA - KLAS PONTUS ARNOLDSON, fundador da Sociedade Sueca para a Paz e a Arbitragem. E DINAMARCA - FREDRIK BAJER, presidente honorário do Bureau Internacional Permanente para a Paz.

1909 BÉLGICA - AUGUSTE MARIE FRANÇOIS BEERNAERT, membro da Corte Internacional de Arbitragem. E FRANÇA PAUL BARON DE CONSTANT D'ESTOURNELLES, fundador e presidente da Delegação Parlamentar Francesa para a Arbitragem Internacional e fundador do Comitê de Defesa dos Interesses Nacionais e Conciliação Internacional

1910 BUREAU INTERNACIONAL PERMANENTE PARA A PAZ.

1911 HOLANDA - TOBIAS MICHAEL CAREL ASSER, iniciador das Conferências Internacionais de Haia. E ÁUSTRIA - ALFRED HERMANN FRIED, jornalista fundador do jornal pacifista Die Waffen Nieder.

1912 ESTADOS UNIDOS - ELIHU ROOT, por promover vários tratados de paz.

1913 BÉLGICA - HENRI LA FONTAINE, presidente do Bureau Internacional Permanente para a Paz.

1917 SUÍÇA - COMITÊ INTERNACIONAL DA CRUZ VERMELHA, fundada em 1863.

1919 ESTADOS UNIDOS - WOODROW WILSON, por fundar a Liga das Nações.

1920 FRANÇA - LÉON VICTOR AUGUSTE BOURGEOIS, presidente do Conselho da Liga das Nações.

1921 SUÉCIA - HJALMAR BRANTING, delegado sueco para o Conselho da Liga das Nações. E NORUEGA - CHRISTIAN LOUIS LANGE, secretário geral da União Interparlamentar.

1922 NORUEGA - FRIDTJOF NANSEN, delegado norueguês para a Liga das Nações e criador do Passaporte Nansen para os refugiados.

1925 REINO UNIDO - AUSTEN CHAMBERLAIN, mediador do Tratado de Locarno. E ESTADOS UNIDOS - CHARLES GATES DAWES, vice-presidente dos Estados Unidos, presidente da Comissão Internacional de Reparações, organizador do Plano Dawes.

1926 FRANÇA - ARISTIDE BRIAND, e ALEMANHA - GUSTAV STRESEMANN, mediadores do Tratado de Locarno.

1927 FRANÇA - FERDINAND BUISSON, fundador e presidente da Liga dos Direitos Humanos. E ALEMANHA - LUDWIG QUIDDE, delegado para numerosas conferências de paz.

1929 ESTADOS UNIDOS - FRANK B. KELLOGG, mediador do Pacto Briand-Kellogg.

1930 SUÉCIA - ARCEBISPO LARS SÖDERBLOM, líder de movimento ecumênico.

1931 ESTADOS UNIDOS - JANE ADDAMS, presidente internacional da Liga Feminina Internacional para a Paz e Liberdade. E NICHOLAS MURRAY BUTLER, por promover o Pacto Briand-Kellogg.

1933 REINO UNIDO - LANE ANGELL (Sir Ralph Norman), escritor, membro do Comitê Executivo da Liga das Nações e do Conselho Nacional da Paz.

1934 REINO UNIDO - ARTHUR HENDERSON, presidente da Conferência de Desarmamento da Liga das Nações.

1935 ALEMANHA - CARL VON OSSIETZKY, jornalista e pacifista.

1936 ARGENTINA - CARLOS SAAVEDRA LAMAS, presidente da Liga das Nações e mediador no conflito entre Bolívia e Paraguai.

1937 REINO UNIDO - VISCOUNT CECIL OF CHELWOOD (Lord Edgar Algernon Robert Gascoyne Cecil), fundador e presidente da Campanha Internacional pela Paz.

1938 COMITÊ INTERNACIONAL NANSEN PARA OS REFUGIADOS.

1944 COMITÊ INTERNACIONAL DA CRUZ VERMELHA.

1945 ESTADOS UNIDOS - CORDELL HULL, um dos fundadores das Nações Unidas.

1946 ESTADOS UNIDOS - EMILY GREENE BALCH, presidente honorária da Liga Feminina Internacional para a Paz e Liberdade e JOHN R. MOTT, presidente do Conselho Missionário Internacional e da Aliança Mundial das Associações Cristãs de Moços.

1947 REINO UNIDO - THE FRIENDS SERVICE COUNCIL (Conselho da Sociedade dos Amigos), fundado em 1647. E ESTADOS UNIDOS - COMITÊ AMERICANO DA SOCIEDADE DOS AMIGOS (The Quakers), fundado em 1672.

1949 REINO UNIDO - LORD JOHN BOYD ORR OF BRECHIN, diretor da Organização das Nações Unidas para a Alimentação e Agricultura, presidente do Conselho Nacional de Paz, e presidente da União Mundial de Organizações para a Paz.

1950 ESTADOS UNIDOS - RALPH BUNCHE, diretor das Nações Unidas e mediador na Palestina em 1948.

1951 FRANÇA - LÉON JOUHAUX, presidente do Comitê Internacional do Conselho Europeu, vice-presidente da Confederação Internacional de Sindicatos Livres, vice-presidente da Federação Mundial de Sindicatos, membro

Nobel Peace Prize

do Conselho da Organização Internacional do Trabalho, delegado das Nações Unidas.

1952 FRANÇA - ALBERT SCHWEITZER, fundador do Hospital de Lambarene no Gabão.

1953 ESTADOS UNIDOS - GEORGE CATLETT MARSAHALL, presidente da Cruz Vermelha Americana, Secretário de Estado Americano, delegado da ONU e idealizador do Plano Marshall.

1954 GABINETE DO ALTO COMISSARIADO DAS NAÇÕES UNIDAS PARA OS REFUGIADOS.

1957 CANADÁ - LESTER BOWLES PEARSON, presidente da Assembléia Geral das Nações Unidas, em 1952.

1958 BÉLGICA - DOMINIQUE GEORGES PIRE, dirigente da organização de apoio a refugiados Europa do Coração a Serviço do Mundo.

1959 REINO UNIDO - PHILIP NOEL-BAKER, pacifista.

1960 ÁFRICA DO SUL - ALBERT LUTULI, presidente do Movimento de Libertação da África do Sul, do Congresso Nacional Africano.

1961 SUÉCIA - DAG HAMMARSKJÖLD, secretário geral das Nações Unidas (prêmio póstumo).

1962 ESTADOS UNIDOS - LINUS CARL PAULING, organizador da campanha para o fim dos testes nucleares.

1963 COMITÊ INTERNACIONAL DA CRUZ VERMELHA. E LIGA DAS SOCIEDADES DA CRUZ VERMELHA.

1964 ESTADOS UNIDOS - MARTIN LUTHER KING JR., ativista dos direitos humanos.

1965 FUNDO INTERNACIONAL DAS NAÇÕES UNIDAS PARA A INFÂNCIA - UNICEF.

1968 FRANÇA - RENÉ CASSIN, presidente do Tribunal Europeu dos Direitos Humanos.

1969 ORGANIZAÇÃO INTERNACIONAL DO TRABALHO - OIT.

1970 ESTADOS UNIDOS - NORMAN BORLAUG, pesquisador do Centro Internacional de Melhoramento de Milho e Trigo da cidade do México.

1971 ALEMANHA - CHANCELER WILLY BRANDT, iniciador da Ostpolitik, da República Federal da Alemanha, que estabeleceu uma nova atitude em relação aos países do leste europeu, em especial à República Democrática Alemã.

1973 ESTADOS UNIDOS - HENRY A. KISSINGER, Secretário de Estado Norte Americano, E VIETNÃ - LE DUC THO (que recusou o prêmio), pelo acordo de paz no Vietnã.

1974 IRLANDA - SEÁN MACBRIDE, presidente do Bureau Internacional para a Paz e membro da Comissão das Nações Unidas para a Namíbia. E JAPÃO - EISAKU SATO, Primeiro-Ministro do Japão.

1975 URSS - ANDREI DMITRIEVICH SAKHAROV, ativista dos direitos humanos.

1976 IRLANDA DO NORTE - BETTY WILLIAMS e MAIREAD CORRIGAN, fundadoras da organização Gente de Paz de Paz.

1977 ANISTIA INTERNACIONAL, organização para a proteção dos direitos dos prisioneiros e contra a tortura.

1978 EGITO - PRESIDENTE MOHAMED ANWAR AL-SADAT, e ISRAEL - PRIMEIRO MINISTRO MENACHEM BEGIN, mediadores da paz entre o Egito e Israel.

1979 ÍNDIA - MADRE TERESA DE CALCUTÁ, líder da Ordem das Missionárias da Caridade.

1980 ARGENTINA - ADOLFO PÉREZ ESQUIVEL, ativista dos direitos humanos.

1981 GABINETE DO ALTO COMISSARIADO DAS NAÇÕES UNIDAS PARA OS REFUGIADOS.

1982 SUÉCIA - ALVA MYRDAL e MÉXICO - ALFONSO GARCÍA ROBLES, diplomatas e delegados da Conferência das Nações Unidas para o Desarmamento.

1983 POLÔNIA - LECH WALESA, fundador do Sindicato Solidariedade e ativista dos direitos humanos.

1984 ÁFRICA DO SUL - BISPO DESMOND MPILO TUTU, secretário geral do Conselho Mundial das Igrejas da África do Sul, ativista dos direitos humanos, contra o apartheid.

1985 MÉDICOS INTERNACIONAIS PARA A PREVENÇÃO DA GUERRA NUCLEAR.

1986 ESTADOS UNIDOS - ELIE WIESEL, escritor e humanista, sobrevivente do Holocausto.

1987 COSTA RICA - OSCAR ARIAS SÁNCHEZ, protagonista de processos de paz na América Central.

1988 FORÇAS DE MANUTENÇÃO DA PAZ DAS NAÇÕES UNIDAS.

1989 TENZIN GYATSO, O 14º. DALAI LAMA, líder político e religioso do povo do Tibet.

1990 URSS - PRESIDENTE MIKHAIL SERGEYEVICH GORBACHEV, por contribuir para o fim da Guerra Fria.

1991 BIRMÂNIA - AUNG SAN SUU KYI, ativista dos direitos humanos.

1992 GUATEMALA - RIGOBERTA MENCHÚ TUM, escritora, líder da campanha pelos direitos humanos e dos povos indígenas.

1993 ÁFRICA DO SUL - NELSON MANDELA e FREDERIK WILLEM DE KLERK, presidentes pelo esforço para a independência da África do Sul e contra o apartheid.

1994 PALESTINA - YASSER ARAFAT, líder da Organização pela Libertação da Palestina (OLP); ISRAEL - SHIMON PERES, Ministro dos Negócios Estrangeiros, e YITZHAK RABIN, Primeiro Ministro pelos esforços em prol da Paz no Oriente Médio.

1995 REINO UNIDO - JOSEPH ROTBLAT. E CANADÁ - CONFERÊNCIAS PUGWASH SOBRE CIÊNCIA E NEGÓCIOS MUNDIAIS, contra o armamento nuclear.

1996 TIMOR-LESTE - CARLOS FILIPE XIMENES BELO e JOSÉ RAMOS-HORTA, pela condução de solução justa e pacífica nos conflitos do Timor-Leste.

1997 CAMPANHA INTERNACIONAL PARA A ELIMINAÇÃO DE MINAS. E ESTADOS UNIDOS - JODY WILLIAMS, pelo seu trabalho para a proibição do uso de minas e sua remoção.

1998 REINO UNIDO - JOHN HUME e DAVID TRIMBLE, pelos esforços para uma solução pacífica do conflito na Irlanda do Norte.

1999 BÉLGICA - MÉDICOS SEM FRONTEIRAS.

2000 REPÚBLICA DA CORÉIA (SUL) - PRESIDENTE KIM DAE JUNG, pelo trabalho pela democracia e direitos humanos no Leste Asiático, em geral, e pela paz e reconciliação com a Coréia do Norte, em particular.

2001 ORGANIZAÇÃO DAS NAÇÕES UNIDAS e o seu KOFI ANNAN (Secretário Geral), pelo seu trabalho para a paz no mundo.

2002 JIMMY CARTER - (Ex-presidente), por décadas de esforço na busca de soluções pacíficas para conflitos internacionais, em prol da democracia e direitos humanos.

2003 IRÃ - SHIRIN EBADI, ativista pela democracia e pelos direitos humanos, especialmente dos direitos da mulher e das crianças, no Irã e nos países muçulmanos.

2004 QUÊNIA - WANGARI MAATHAI, ambientalista e ativista dos direitos humanos.

2005 AGÊNCIA INTERNACIONAL DE ENERGIA ATÔMICA da ONU e seu diretor-geral MOHAMED ELBARADEI, pelo combate à proliferação nuclear.

Índice de Receitas

A Sponge Cake From Kiribati (Pão-de-ló), 224
Abadoo Banana Bread (Pão Abadoo de banana), 56
Accra Banana Peanut Cake (Pão de amendoim e banana), 43
Action Cookies (Biscoitos da guerra), 147
Aebleskivers (Panquecas de frutas), 176
Aish-Bel Lahm (Pão de especiarias), 157
Almaghrooth (Pão recheado), 47
Ambasha (Bolo da Etiópia), 39
An Pan, 131
Anzac Biscuits (Biscoito de coco), 227
Apple Mapple Bread (Pão de maçã), 107
Apricot Bread (Pão de damasco), 135
Aussie Beer Bread (Pão de cerveja), 232
Aussie Damper (Pão de leite), 232
Australian Damper (Pão australiano), 222
Bagels (Rosquinhas), 96
Baguette (Filão), 181
Banana Bread (Pão de banana), 85
Barm Brack (Pão irlandês), 187
Benin' Injera (Pão chato), 24
Benne Cakes (Bolinhos benne), 34
Bakhari (Rosquinhas integrais), 129
Baking Powder Potato Bread (Pão de batata), 225
Biscoitos picantes, 57
Black Cake (Bolo preto tradicional), 93
Bran Muffins (Bolinhos de mel), 226
Brot (Pão austríaco), 169
Bulgarian bread (Pão búlgaro), 173
Buñuelos de Navidad (Bolinhos de Natal), 104
Burek (Massa folhada com páprica), 172
Burek (Pãezinhos recheados), 192
Cajun Banana Bread (Pão de banana-da-terra), 24
Caribbean Scones (Pãezinhos de batata-doce), 87
Carrot Coconut Bread (Pão de cenoura e coco), 45
Chaker Churek (Bolinhos de baunilha), 146
Challah (Pão trançado), 152
Chapati (Pão crocante), 66
Chinese Steamed Bread (Pão chinês cozido), 124
Chipah (Pãozinho de queijo), 106
Chippewa (Pão frito indiano), 120
Christmas Bread (Kolach Natalino), 209
Coconut Biscuits (Biscoitos de Coco), 34
Coconut Bread (Pão de coco), 48
Color Caribbean Bread (Pão caribenho colorido), 79
Cornflakes Bread (Pão de flocos de milho), 37
Cramique (Pão de uvas passas), 170
Crepe de Petit Oignon (Panquecas de cebolinha), 29
Cuñapes (Pão de queijo com mandioca), 99
Dabo (Pão religioso especial), 33
Dabo Kolo (Pãezinhos crocantes), 58
Daikon Bread (Pão de rabanete), 134

Dak (Pão integral de chocolate), 132
Ducht Brood (Pão holandês), 195
Eliot (Pão de azeitona), 175
English Barley Bread (Pão de cevada Inglês), 211
Ensaimadas (Pãezinhos de toucinho), 206
Enyucados (Bolinhos de mandioca), 81
Flancati (Pãezinhos trançados), 203
Flat Bread (Pão chato), 58
Focaccia (Pão chato italiano), 187
Fougassette (Pão de laranja), 168
Fruit Bread (Pão de frutas), 53
Fudge Brownies (Brownies de fudge), 106
Fufu Bread (Pão fufu), 65
Gänga Kardemumma (Trança sueca de cardomomo), 206
Garri Eba (Pão de cereal de milho), 65
Girl Scout Samoa Cookie Knockoffs (Pãezinhos trança-dos), 229
Ghurayba Cookies (Biscoitos ghurayba), 158
Grenada Bread Pudding (Pudim de pão), 85
Green Mealie Bread (Pão de milho), 69
Gromperekniddelen (Bolinhos de batata), 189
Haygagan Hats (Pão armênio), 119
Hobz (Pão maltês), 192
Hojaldres (Bolinhos fritos), 91
Honey Bread (Pão de mel), 154
Hungarian Christmas Bread (Pão de Natal), 185
Irish Bread (Pão irlandês), 211
Joululimppa (Pão de centeio), 29
Kamut Pharaoh's Herb, Potato Bread (Pão de Kamut dos Faraós), 36
Katywka (Bolinho de pão branco), 170
Kenyan Samosa (Samosa Queniana com carne), 44
Khachapuri (Pão de iogurte com queijo), 128
Khameer (Pão de especiarias), 155
Klappertert (Pão de banana), 26
Klaycha a-Tamr (Biscoitos de tâmara), 151
Kloiskers (Pão de Acorn), 151
Koeksisters (Pãezinhos de ervas finas), 23
Kolach (Pão Natalina), 95
Kong Bak Bun (Pãezinhos no vapor), 143
Korean Bread (Pão coreano), 128
Kouloura (Rosquinhas assadas), 26
Krong Krang (Pãezinhos de coco), 144
Kue Mang Kook (Pãezinhos coloridos), 131
Kugelhopf (Pão de frutas), 188
Kulich (Pão de frutas), 132
Latvian Cranberry Bread (Pão de frutas vermelhas), 188
Laufabraud (Pães fritos), 185
Lavash (Pão de glúten), 189
Layer Cake (Bolo em camadas), 84
Lefser (Pão chato norueguês), 197

Liberian Rice Bread (Pão de arroz), 46
Lussekatter (Pãezinhos de Santa Lúcia), 92
Ma-Chole Ki Dal Ka Parantha (Panquecas), 222
Maandazi (Pão frito), 55
Makovnjaca (Pão recheado), 174
Malawi Bread (Pão Malawi), 48
Mandarim Pancakes (Panquecas mandarim), 135
Mango Macadamia Nut Bread (Pão de manga e macadâmia), 79
Meat Samosas (Samosas em pacotes), 68
Medivnyk (Pão de mel tradicional), 144
Medovik (Pão de mel), 198
Melkert (Bolo de milho), 57
Melkert (Pão de milho), 64
Monaco Muffins (Bolinhos de manteiga), 194
Morning Musli Bread (Pão de musli), 32
Mutton and charmoula loaf of bread (Pão com charmoula e carneiro temperado), 54
Nan Khatais (Rosquinhas de pistache), 139
Nauru Easter Spice Biscuits (Biscoitos de Páscoa), 226
Niger Baked Rice Flour Loaf (Pão de farinha de arroz), 56
Noni Afghani (Pães afegães), 119
Oat Loaf (Pão de Aveia), 213
Orange Bread (Pão de laranja), 105
Pagach (Pão chato com cebolas e repolho), 146
Pain de Lucern (Pão de gengibre), 208
Pan Amasado (Pão sovado), 102
Pan de Cebolla (Pão de cebola), 81
Pan de Coco (Pão de coco), 87
Pan Cubano (Pão cubano), 82
Pan de Damasco con Almendras (Pão de damasco com amêndoas), 104
Pan de Miga (Medialunas), 99
Pan Dulce (Pão doce), 109
Pandeyuca (Bolachas de queijo e mandioca), 109
Pane al Burro e Latte (Pão de manteiga e leite), 201
Pita Bread (Pão de pita), 154
Pão, 23
Pão de Damasco e Banana, 44
Pão Doce, 55
Pão Doce Sovado, 145
Pão de Milho Português, 198
Pão de Queijo, 102
Paratha (Pão de trigo frito), 123
Paska (Pão de Páscoa), 203
Paw Paw Scones (Bolachas de paw paw), 229
Petit Grains De La Barbade (Pães-de-minuto de Barbados), 80
Phulka (Massa crocante), 138
Pineapple Nut Bread (Pão de abacaxi e nozes), 39
Placek Swiatecznya (Bolo de fruta), 197
Poori (Massa crocante), 143

Potatoes Dumpling (Bolinhos de batata), 42
Potica (Pão de nozes), 202
Powder Bread (Biscoitos de erva-doce), 86
Pudding Cakes (Pães de ovos), 123
Pretzel, 177
Proja (Pão de milho), 194
Pumpkin Bread (Pão de abóbora), 92
Ra-gagg (Pão assado), 159
Roti Bread (Pão roti), 94
Runebergin Tortut (Tortinhas de framboesa), 181
Rumanian Almond Braid (Pão de amêndoas), 201
Russian Black Bread (Pão preto), 141
Rye Bread (Pão de centeio), 63
Rye and Walmut Bread (Pão de centeio e nozes), 53
Sae Me Duk (Pão cozido no vapor), 140
Sesame Seeds Cookies (Cookies de sementes de gergelim), 43
Scottish Gooseberry Bread (Pãezinhos Escocês de groselha), 212
Soetkoekis (Bolachas com especiarias), 27
Solomon Bread (Pão Salomão), 230
Samboosak Bel-Koorat (Trouxinhas recheadas), 157
Schwarzbröt (Pão preto), 182
Shakerbura (Trouxinhas recheiadas), 120
Simit (Rosquinhas de gergelin), 158
Spinach Pie Bread (Pão de espinafre), 63
Stuffed Pancake Roll (Panqueca de coco), 134
Stuffed Toasts (Torradas recheadas), 231
Sudani Anise Bread (Pão de erva-doce), 64
Sunflower wheat and sugarcane syrup bread (Pão de farelo de girassol e melado), 138
Sweet Bread with Orange and Cashew (Pão doce de laranja e cajú), 224
Sweet Plantain Gingerbread (Pão doce de gengibre), 36
Sweet ring shaped loaf of bread (Pão doce), 139
Sweet Potato Biscuits (Pãezinhos de batata doce), 69
Tabule Bread (Pão de tabule), 152
Tortilla de Maíz (Tortilhas de milho), 96
Tirk Doung (Bolo de coco), 124
Tres Leches (Bolo de três leites), 91
Tropical Banana Bread (Pão tropical de banana), 84
Tsoureki (Pão de Páscoa), 182
Twisted Czech orange bread (Trança de laranja), 175
Wa-ga-fee (Pãezinhos assados), 150
Waimaka's Malasadas (Pão sovado frito), 47
Walnut bread white lemon cheese (Bolo de nozes com glacê de limão), 168
Water Bread (Pãe de água), 82
White bread (Pão branco), 27
Yellow Corn Bread (Pão de milho), 37
Yemini Bread with Fenugreek Paste (Pão com patê de feno-grego), 159
Yo-Yo Doughnuts (Bolinhos ioiôs), 66

Imagine todas as pessoas vivendo suas vidas em paz. Você dirá que sou um sonhador, mas não sou o único. Espero que algum dia se junte a nós, e o mundo será um só.
John Lennon